芦荻雪 著

不爱人间富贵花

——民国名媛情事

ZHEJIANG UNIVERSITY PRESS
浙江大学出版社

序章

近两年来，民国名媛这个群体总是在被有意无意地关注着。许是她们的集体光彩过于耀目，至今仍被世人念念不忘。

她们美貌优雅，家世显赫。张爱玲是李鸿章的曾外孙女，盛七小姐的老爹是上海滩最大的资本家，宋美龄则来自大名鼎鼎的宋氏家族。

她们才艺卓然，素养极高。陆小曼精通英法语，18岁就被北洋政府聘为翻译，唐瑛能用英语演出全本《王宝钏》，更不要提拥有双重光环的林徽因……

长于堆金累玉的土壤，身受世家门风的熏陶。

行走时香风细细，坐下时掩然百媚。

她们似乎离我们很遥远，因为她们的富贵和显赫。

她们又似乎离我们很近，因为身为女子，她们一样要经受爱情的冷暖变迁；处于乱世，没落的家族亦不庇护她们免于流离。

一个很有意味的现象是，这些个风中飘零的名媛才女，彼此的命运也会不经意地纠缠碰撞。有的成为知己，有的结下仇恨。

比如陆小曼和唐瑛，同为交际女王，惺惺相惜成为好友。

比如林徽因和冰心，则是硝烟暗起，互相看不顺眼。

另外一些，则不能免俗地上演"正室和小三"的剧情。爱情的规律，谁也逃不脱。情同古今，泯灭贵贱。只是掂量评判家内家外两个名媛的男人，是蒋介石、张学良这样的政要，抑或是徐志摩、徐悲鸿这样的大师……

感情的世界，没有是非。

婚姻的鞋子，冷暖自知。

高高在上的大家闺秀，也要谋划着如何抓牢一生的幸福。只是这些聪慧绝顶的名媛们，不知是她们过于任情任性，还是应了红颜薄命的老话，在感情的长跑线上总是死命地折腾，到最后能得到长久幸福的很少。

在这本书里，选取了八个女子：张爱玲、郑苹如、林徽因、陆小曼、赵一荻、宋美龄、蒋碧薇、孙多慈。

算起来，林徽因夫唱妇随、老公安分，一辈子只有她闹绯闻的份儿。赵四小姐和张学良相爱一世，除了大半辈子没名分的缺陷，算是很美满了。倒是宋美龄令人诧异，以一桩政治联姻开头，却善始善终白头偕老。其他诸女，不是婚姻波折就是孤独终老，令人一叹！

读着她们的故事，你会觉得，百年光阴薄如一张纸。她们的鲜活气息穿越时空扑面而至，她们的命运里映照出每个女人的影子。

目 录

我们最后一次收割对方，从此仇深似海

　　1940年，22岁的上海名媛郑苹如，因为刺杀日伪特务被杀害，轰动一时；这一年，20岁的张爱玲趴在书桌前，洋洋洒洒地写着《我的天才梦》。10年后，张爱玲写了以郑苹如为原型的《色·戒》。矛盾重重的王佳芝，长着郑苹如的面孔，却分明包裹着张爱玲拷问爱情的迷惘灵魂……

铁血年代，男人为天下而战；而无论何时，女人都在为幸福而战。虽然，她们守望幸福的姿态各不相同。一个美丽女子看上了已婚男人蒋介石，她动用一切资源强力施压，让他立刻把妻子清扫出门；另一个美丽女子爱上了已婚男人张学良，她默默追随在他身边，直到年过半百才得到名分……

遇见你，在我最美丽的时刻

我挥一挥衣袖，不带走一片云彩

他有多痴情，就有多无情。在原配张幼仪怀孕两个月时，徐志摩强迫她签字离婚，只因为他深深爱上了豆蔻年华的林徽因；数年以后他又激烈地爱上了朋友王赓的妻子陆小曼，夺而以为己妻……这个故事充满了离经叛道的元素，里面的男女却个个光彩夺目，互相辉映。回望这段轶事，令人对原配、小三、出轨男等等热门词汇，少了一份迫近的义愤，却多了一份时光沉淀的打量。

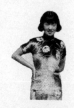

在蒋碧薇 18 岁时,徐悲鸿为她神魂颠倒,两人双双私奔。在蒋碧薇 39 岁时,徐悲鸿爱上了才华横溢的学生孙多慈……

所有的结局已写好,泪水已启程

我们最后一次收割对方，

从此仇深似海

1940年，22岁的上海名媛郑苹如，因为刺杀日伪特务被杀害，轰动一时；这一年，20岁的张爱玲趴在书桌前，洋洋洒洒地写着《我的天才梦》。10年后，张爱玲写了以郑苹如为原型的《色·戒》。矛盾重重的王佳芝，长着郑苹如的面孔，却分明包裹着张爱玲拷问爱情的迷惘灵魂⋯⋯

张爱玲\洞悉人心也惘然

一

张爱玲是个天才少女，出名趁了早。

她也是个问题少女，一生没走出童年阴影。

她有一颗洞悉人情的玲珑剔心，但在大是大非面前却始终懵懂。

她的人她的文，给我们展示了一袭华美的袍子，仔细一看上面满是虫洞。正是真实人生里的真实人物。虽然如此，我们也要感谢她带给我们的华美体验。

张爱玲，毕竟是独一无二的。

二

说张爱玲，绕不过她的家世。 确实够显赫。

她的祖父张佩纶，是光绪的左副都御史，为"清流党"支柱。而祖母是李鸿章的女儿，带了一大笔丰厚的陪嫁过来。 张爱玲的父亲张廷重，就是官二代。 张廷重七岁丧父，母亲的管教极为严厉，却也很怪异，比如小时候故意给他穿女气的衣服，免得他被其他纨绔子弟带坏了——这也让他不合群。

这样的教育不是张廷重的福气，他长大后，成了一个典型的前朝遗少。 背了一肚子诗书，却毫无用处。 天天大烟不离手，吃喝嫖赌样样俱全。

后来，张廷重娶了一个叫黄素琼的女子，也是名门之后。 黄素琼是清末首任长江水师提督黄翼升的孙女、广西盐法道道员黄宗炎的女儿。 巧的是，黄素琼也是自幼丧父——她是个遗腹子。

黄素琼身姿窈窕修长、五官轮廓鲜明，很有点拉美或南洋血统的样子。 后来张爱玲也很好奇这一点，但是终究不可考母亲这种长相的由来。

黄素琼跟张廷重完全不同。 她虽然是缠过小脚的闺秀，却很彻底地接受了当时的新文化。 她推崇自由和女性独立，无法忍受张廷重的生活方式。 两人三天两头吵架，她还经常跑回娘家去住。

在别别扭扭之中，和其他夫妻一般生儿育女。 1920 年，女儿张爱玲出生。 第二年，又生了儿子张子静。 然而黄素琼仍然无法快乐，最后只好完全无视纳妾嫖妓的丈夫，自己找乐趣，比如学钢琴、读外语、剪裁衣服等等。

1924 年，小姑要出国留学，黄素琼赶紧逮住这个机会，一起出了国。 这一年，她已经 28 岁。 很理解她在那个家庭里，无法呼吸般的窒息感。 然而，一个年轻母亲，需要以抛下一双可爱儿女的代价，来换取自由的新生活。 这样狠心的牺牲，滋味并不好受。

从此，黄素琼改名黄逸梵，开始在欧洲的漂泊生涯。

而张爱玲和弟弟，则被迫独自成长。

在母亲出国的头几年，被抛弃的感觉还不明显。 因为家境尚好，保姆照顾也周全。 母亲也常常从英国寄衣服和玩具回来，姐弟俩一人一份。 每当这时，家里便是像过节一样喜气洋洋。

小时候的张爱玲活泼伶俐，能说会道。 和弟弟玩耍，总是她出点子。 她常常编一个离奇的故事，和弟弟玩角色扮演。 有时她也让弟弟编，可通常是"没等他说完，我已经笑倒了，在他肋上吻一下，把他当个小玩意"。

然而张爱玲毕竟是早熟的。 她注意到弟弟的保姆凡事占先，而自己的保姆因为带的是个女孩，则自觉心虚，处处相让。 "张干（弟弟的保姆）使我很早地想到男女平等的问题，我要锐意图强，务必要胜过我弟弟。"其实回头看，在整个家族中，她的弟弟子静，倒是命运最惨淡的一个。 这是后话了。

1928 年，张廷重丢了官职，带着一家从天津回到上海。

主要是因为作为靠山的亲戚下台了,也是因为他自己吸鸦片、嫖妓、和姨太太打架,弄得声名太狼藉所致。

张廷重受此刺激,打算洗心革面,戒除鸦片。 于是写信给黄逸梵,希望能挽回婚姻。 黄逸梵放不下一对儿女,接信后便立刻回国来了。 但他们一见面,就又发生了激烈的争吵,导火索是儿女的教育问题。

黄逸梵留英四年,观念更为西化。 她主张把两个孩子送去学校,接受新式教育。 但张廷重则顽固地坚持旧式私塾教学。

最终,黄逸梵强行把张爱玲送到美国教会办的黄氏小学读六年级。 张爱玲回忆说:"十岁的时候,为了我母亲主张送我进学校,我父亲一再地大闹着不依,到底我母亲像拐卖人口一般,硬把我送去了。"

父母残留的一点感情,也因此迅速恶化。 不久,两人正式离婚。

黄逸梵搬走一些陪嫁的古董,重新回到英国飘荡。

张爱玲进了寄宿学校,一星期回家一次。

家里只剩弟弟张子静,孤独地读着私塾,面对着抽大烟的冷漠父亲。

进了学校的张爱玲,应该要更快乐些。

但要她这样天才的少女真正快乐,并不是容易的事。

她始终记挂着内心缺失的那一块。 每到寒假,她都会忙着剪纸、绘图,制作圣诞卡片。 然后,挑出自认为最美丽的一张,请姑姑代为寄给母亲。

张爱玲说："她是个美丽敏感的女人，而且我很少机会和她接触，我四岁的时候她就出洋去了，几次来了又走了。在孩子的眼里她是辽远而神秘的。"

母爱疏离缺失的童年，以及父母的失和离异，或许早已给这个敏感少女的内心造成了无言的伤害。她以好奇而冷漠的眼睛打量这世间，看到的一切是霉绿斑斓的。她尽可能抓住自己的权益，无论从父母、姑姑还是弟弟那里，她都没有感受到足以彻底温暖自己的亲情——在某种程度上，这也是她自己的原因。她稚嫩青春的心里，已经渐渐起了薄冰。

海明威说，一个作家的成长所需要的，是不幸的童年。

如果是这样，那么张爱玲已经得到了，而且还将继续得到。

张爱玲进入圣玛利亚女中读高中后，父亲再婚了。

娶的是北洋政府国务总理孙宝琦的女儿。孙宝琦一共有八子十六女，张廷重娶的是第七个女儿，孙用蕃。

孙七小姐在上海滩也算是名声在外。不是因为她如何出色，而是因为她待字闺中到了三十六岁，都还没有嫁出去。据说是因为抽鸦片的瘾太大。后来经人介绍和张廷重认识，打了几圈牌下来，彼此觉得情投意合，就决定结婚了。

然而这对张爱玲的冲击是巨大的！

"我姑姑初次告诉我这消息，是在夏夜的小阳台上。我哭了，因为看过太多的关于后母的小说，万万没想到会应在我身上。我只有一个迫切的感觉：无论如何不能让这件事发生。如果那女人就在眼前，伏在铁栏干上，我必定把她从阳台上推下去，一了百了。"

这自然是孩子话。后母如期进门，进门后似乎也并不像老虎般可怕。

张廷重和孙用蕃感情意外地好。以前黄逸梵看不起他抽鸦片，但孙用蕃却高高兴兴地和他一起吞云吐雾。他以前一直像老夫子般老成，现在竟也会夫妻间的玩笑取乐了。这桩婚姻，志同道合，倒是比初婚更让他幸福。

后母对姐弟俩也还客气。一次，孙用蕃看到张爱玲写的作文《后母的心》，把后母的为难处写得体贴入微，一时大为感动。拿着作文到处给亲友看，夸奖爱玲会写文章。那段时间，大家感觉都还不错。

然而日子慢慢过着，矛盾也渐渐显露出来了。

说到底，还是一个钱字。

因为抽鸦片开支很大，孙用蕃便想方设法压缩其他花销。

为了省钱，孙用蕃总把自己的旧衣服拿给张爱玲穿。那时张爱玲是最爱美的青春期，为此心情一度十分恶劣。"有一个时期在继母治下生活着，拣她穿剩的衣服穿，永远不能忘记一件黯红的薄棉袍，碎牛肉的颜色，穿不完地穿着，就像浑身都生了陈疮；冬天已经过去了，还留着冻疮的疤——是那样的憎恶与羞耻。一大半是因为自惭形秽，中学生活是不愉快的，也很少交朋友。"

1937年，张爱玲高中毕业，向父亲提出要到英国留学。但因为舍不得这笔钱，张廷重断然拒绝了。张爱玲很失望，大为不满，这时，黄逸梵特地为女儿出国的事回国来了，但几次约张廷重，对方都避而不见。

这一切，都被孙用蕃冷冷看在眼里，自觉钱和老公都受到了威胁，忍不住冷嘲热讽："你母亲离了婚还要干涉你们家的事。既然放不下这里，为什么不回来？可惜迟了一步，回来只好做姨太太！"

后来，张爱玲到母亲那里去小住半个月，走前只告诉了父亲一声。回来时，孙用蕃便趁机发飙，先是破口大骂，然后是迎面一个耳光。

张爱玲被打懵了，赶忙伸手去挡。但后母已经扭身去告状，说张爱玲打她。于是张廷重冲下楼来，对着张爱玲就是一顿拳打脚踢，嘴里大骂："今天非打死你不可！"据张子静回忆，当时父亲下了重手，姐姐已倒地不起，他还不罢手。幸亏姐姐的保姆何干冲上去拉开,姐姐才没有真的被打死。

张廷重为何气成这样? 无非也是张爱玲要求留学埋下的火气。

第二天,张爱玲的姑姑和舅舅上门说情,也被连打带骂地轰了出去。 姑姑还挂了彩,去医院缝了好几针。

从此,张爱玲就被关进房间,犯人般看守了起来,且不允许其他人跟她说话。 张爱玲一度想要逃走,每天都要起来做做健身操,锻炼身体。

然而很不幸,张爱玲很快又得了痢疾。

这种病会让人快速虚脱,她很快就一病不起。

但张廷重知道后,并不当回事。 后来在保姆的苦苦哀求下,担心真的出了人命,才趁孙用蕃不注意,偷偷给张爱玲注射了几次抗生素。 病情得到控制,经过一段时间的调理后,张爱玲的身体才复原了。

不久,她就趁警卫换班时,偷偷地逃走了。

这段经历在她人生里,留下了极其深刻的一笔。

从此,她便跟父亲和后母断绝了往来。

女儿是够决绝的女儿,父亲是够冷酷的父亲。

张爱玲一生都不肯原谅孙用蕃,她觉得是恶毒后母的挑唆,才让父亲日渐对儿女变得冷漠刻薄。 父亲不分青红皂白地一顿毒打,让她觉得尊严尽失;几个月的隔离和禁闭,是一种伤害至深的冷暴力;而身患重病时父亲的无动于衷,则让她彻底寒了心。

有人说,张廷重心里也隐藏有深刻的父爱。 也许吧。 不过他表露出来的确实很微薄。 他自己也是有童年阴影的人，加上常年沉醉于鸦片，或许真的会麻木了人性和爱，只对"道友"感到亲切。

不仅女儿怨父亲，就是儿子张子静后来也印证了张爱玲的指控，字里行间对父亲有着深深的腹诽。 这个在张爱玲的描述中，有着大眼睛、长睫毛的可爱弟弟，由于身心的软弱，一直待在父亲身边。 因为父亲抽鸦片用光了钱，连娶妻的机会也错过了，凄凉庸碌地过完一生。

张爱玲对父亲的报复，是把这段经历投稿到英文的《大美晚报》。 这是张廷重一直订阅的报纸，看到这一篇，自然是气得跳脚。

后来她又在中文报刊上讲了一遍这个故事，然后就到此为止。

断绝往来，也不再牵肠挂肚，眼不见心不烦。

她和父亲的感情总量就那么多，所以恨也就只有那么多。 说起来，她真正恨的，其实是母亲。 因为，只有真正的爱，才会生出真正的恨。

三

1938 年，张爱玲逃出家门，投奔母亲而去。

作为一个没有稳定收入的离婚女人，黄逸梵一直靠变卖娘家分来的一箱箱古董过活。 以前回国的间隙，她就陆续从张家把古董都搬走了。 换句话说，她过着坐吃山空的日子，经济上心理上都不舒服。

面对投奔而来的女儿，黄逸梵给了她两条路选择："要么嫁人，用钱打扮自己；要么用钱来读书。"张爱玲很坚决地选择了后者。因此，黄逸梵便计划让张爱玲去读伦敦大学，还为她请了个英籍犹太人老师补数学。每小时5美元，当时算很昂贵了。在一双儿女中，黄逸梵显然更偏心天才的女儿。张子静回忆，那段时间他也曾溜去找她们，希望效仿姐姐投奔母亲。但母亲以经济吃紧为由拒绝了。还有一次，他希望母亲为自己买一双球鞋，也同样被拒绝了。他只好独自抹着眼泪，推着自行车回去了。

相比之下，张爱玲的待遇已经算是VIP了。

但她自己并不这样觉得。

日子要过，她免不了跟母亲要钱。次数一多，母亲心里便慢慢生出龃龉来了。她说："这时候，母亲的家亦不复是柔和的了。"

她是完美主义者，很计较得到的爱是不是十成十的足赤真金。就像她曾提到，有一次自己不小心打破了姑姑的一扇玻璃窗户，然而和她素来亲厚的姑姑竟是先关心玻璃、再关心她是否受伤。这个顺序，就让她耿耿于怀。

客观来说，张爱玲如此天才而早熟，本来就是个心重的女孩。加上她是单亲家庭的小孩，得到的爱确实很稀少。父母各自挣扎自己的人生，她硬起头皮独闯人世。这样的童年和青春期，是一定会留下心理阴影的。

张爱玲很刻苦，试图把握住来之不易的机会。最后，她考了伦敦大学远东区的第一名。然而，由于欧战爆发，她没有去成伦敦。

张爱玲很淡定地接受了这个打击。

1939 年，她进入香港大学读书。

在港大的两年，是她过得最轻松写意的一段时光。

"几千里路，两年，新的事，新的人。 战时香港所见所闻，唯其因为它对于我有切身的、剧烈的影响，当时我是无从说起的。"

张爱玲在港大文学院，修习中文和英文。 她的少年心性，好强，渴望成功，所以学习非常勤奋。 她也善于揣摩教授的心思，门门功课都能拿第一。 有一位教授惊叹说：他教了十几年的书，没有给过别的学生似张爱玲这样高的分数。

张爱玲的英文在这期间也突飞猛进，随便拿起一本英语专著都能阅读，难得的是能把英文也写得地道而活泼。

因为成绩优异，张爱玲本有机会被推荐到英国深造。 可惜，香港战乱爆发，她再次和伦敦大学失之交臂。

张爱玲后来在自传体小说《易经》里，曾披露过一个和母亲有关的情节。 小说里写道：母亲回国探视在香港大学读书的琵琶。因为琵琶生活拮据，因此历史老师布雷斯代好心资助了她八百元学费。 琵琶把这笔钱全部交给了母亲，但母亲却一下子就把这钱输在牌桌上了。 而且母亲认为女儿必然是以身体作了交换，便偷窥琵琶入浴的身体，试图发现异状。 这件事，使琵琶感到羞辱极了。

人们认为，这是张爱玲自己的故事。 这也可以反映出，她和母亲关系的复杂轨迹。 在张爱玲笔下，母亲从来不是伟大的形象，而是阴暗自私的。 甚至还有《金锁记》里曹七巧那种变态的母亲形象。 这也从侧面反映出张爱玲心目中，母爱的缺失和对母亲的失望吧。

不共人间富贵花

但总而言之，张爱玲在港大还是生活得很愉快的。她有一个极好的女同学，是阿拉伯人和中国人的混血儿。张爱玲给她取了个中文名字，叫做炎樱。

炎樱是一个聪明而随性的女子。张爱玲和她脾气相投，常常一起去看电影、跳舞、吃冰淇淋。张爱玲很喜欢炎樱，经常在文章里提到她。有一次上英语课，教授要求大家翻译谚语："Two heads are better than one。"这句话的意思是，三个臭皮匠，赛过一个诸葛亮。然而，搞怪的炎樱却译成："两个头总比一个头好——在枕上。"太大胆了！教授恐怕要气晕了。

还有一次，炎樱从朋友婚礼上得到一块美味的蛋糕。据说，睡觉时将蛋糕放在枕头下，会带来好运。但是嘴馋的炎樱，却经不起诱惑把蛋糕吃掉了，然后把枕头放在肚子上睡觉，认为这样就两全其美了！

炎樱真是个有趣的女子，难怪聪明绝顶的张爱玲也欣赏她。

不过，张爱玲和最好的闺蜜，在金钱上也是锱铢必较的。她们一起出去玩，永远是 AA 制，这次借了打车的小钱，下次也得还回来。不过这种科学理性的交友方式，让两个人都感到轻松，没有负担。

在港大期间，张爱玲开始有意识地发挥她写作的天才。有一次征文，她便应征写了《我的天才梦》，文末一句成了经典语录："生命是一袭华美的袍，爬满了蚤子。"写出这句话的时候，她不过十九岁。

在半殖民地的香港,各色人等混杂,中西文化碰撞。 张爱玲冷眼旁观,大大地开了眼界。 在这里遇到的人、见到的事,后来都纷纷在她笔下复活。 比如,炎樱介绍她认识了一位有趣的太太,嫁过好几次,每次都是不同的人种。 后来张爱玲便把她写进了《连环套》。

张爱玲刚刚读到大三,香港就遭到日军侵略而沦陷。 这是1941年。

战争意味着什么呢? 炮弹横飞,尸横遍野。 时刻有生命之危。

那些出生富贵的港大同学,虽然被战乱打扰了跳舞调情的生活节奏,但能不理会的便尽量不理会。 张爱玲犀利地形容:"是像一个人坐在硬板上打瞌睡,虽然不舒服,而且没结没完地抱怨着,到底还是睡着了。"

而张爱玲自己的表现也好不到哪里去。 她完全不具备一般作家悲天悯人的情怀,你可以看到她心底嗖嗖的冷气。 她漠然走过血肉横飞的人们,甚至也不忧惧自己的生命,躲在寝室里悠然地读《官场现形记》。 她不担心流弹,担心的只是能不能看完书。 她和同学去吃胡萝卜饼,对旁边穷人青紫的尸体视而不见。 她不关心民生疾苦,她对生命的态度极度冷漠。

然而张爱玲又确实拥有一个作家的天赋。 在朝不保夕的危难中,她捕捉到了不同的人性流露。 她注意到,战争爆发后很多人便匆匆结婚了。 有一次,空袭警报拉响了,但一对男女却一定要借车去领结婚证。 男人并不"善眉善眼",女人也并无出众姿容。 然而他们之间却产生了连命也不要的爱情吗? 这类问题,才是张爱玲喜欢关注和探究的。 这个故事，便是后来的《倾城之恋》。

战争结束后，张爱玲到大学堂临时医院去做看护。

她负责照顾在战争中受伤的人，但对病人的态度却异常冰冷。她承认自己是"一个不负责任的、没有良心的看护"。 她不是没有爱，只是完全不爱这些落难的、伤痛的人。 不但不爱，而且憎恶。理由是：因为生命在他们那里受难！ 在她看来，生命是应该用来享受美好事物的，痛苦的生命不如不存在。

张爱玲眼中的世界是，劫后每个人都开始加倍享用生命。

人们的食欲勃发，大街小巷美食云集，大大超过战前。

一贯端庄的教授，逃过生死劫后竟口无遮拦地乱开女生玩笑。

饮食，男女。 经历过绝望，便仿佛只剩下了这两项本能。

于是张爱玲得出结论："想做什么，立刻去做，都许来不及了。'人'是最拿不准的东西。"

四

这一段香港战乱的生活，给张爱玲提供了很多写作的养分。

她说："脏与乱与忧伤之中，到处会发现珍贵的东西，使人高兴一上午，一天，一生一世。"这些"珍贵的东西"，后来奠定了她在文坛的地位。

1942年，张爱玲回到上海，正式开始了卖文为生的生涯。

她一手写中文小说，一手写英文评论。

一出手就是经典。她先发表了《沉香屑：第一炉香》、《沉香屑：第二炉香》，已引起关注。《倾城之恋》是她的成名作，从此便真正走红了。早期作品大多是以香港时期的见闻为题材。后来的《金锁记》，则更使她的地位不可动摇。

她如同一颗璀璨的新星，以惊人的速度和热度腾空而起。人们震惊于她的特别，她的犀利，以及她讲述的新奇故事。张爱玲成为上海最炙手可热的作家。后来她出版小说集《传奇》和散文集《流言》，更是红得发紫。

张爱玲固然才华惊人，但她奇迹般的蹿红背后，也是靠了时势的成就。

1941年12月之前，上海是"孤岛"。就是说，那时还有公共租界和法租界一小块地方，是不受日军控制的。因此进步人士云集，孤岛文学曾兴盛一时。然而，太平洋战争爆发后，"孤岛"也沦陷了。曾驻扎上海的文坛大将茅盾、沈从文等，通通都离开了。

上海文坛一片真空，人人闷得发慌。

张爱玲在这时回到上海，恰是城中无人，正好一鸣惊人。

作家柯灵说："我扳着指头算来算去，偌大的文坛，哪个阶段都安放不下一个张爱玲，上海沦陷，才给了她机会。日本侵略者和汪精卫政权把新文学传统一刀切断了，只要不反对他们，有点文学艺术粉饰太平，求之不得，给他们什么，当在是毫不计较的。"

这时已可以清晰地看出，张爱玲的政治观念甚至民族观念，都相当模糊。她不理会大是大非，只关心自己。她毫无顾忌地给日本人的杂志写稿,在和汪伪政权有关的期刊上发文。 朋友劝阻她,她却理直气壮地回敬了一句响当当的名言:"出名要趁早呀,来得太晚的话,快乐也不那么痛快。"

那是1944年。 中国那么多的作家,有的避难重庆,有的投身抗战宣传。 即便是同样在上海的钱钟书写《围城》,也是"两年里忧世伤生,屡想中止"。

只有张爱玲,欢天喜地地忙个不停。 她不觉得自己有什么不妥,只是单纯地认为:这是一个出名的好机会呀,我要抓住它。

张爱玲早就讲明了她的人生观:"一个人假如没有什么特长,最好是做得特别,可以引人注意。 我认为与其做一个平庸的人过一辈子清闲生活,终其身,默默无闻,不如做一个特别的人,做点特别的事,大家都晓得有这么一个人,不管他人是好是坏,但名气总归有了。"

张爱玲有了很大的名气,这时不过二十二三岁。

"做一个特别的人"的哲学,张爱玲也实践到了穿衣上,招摇地走上了时尚另类的路线。 她读港大时的照片,还是个打扮朴素的姑娘。 但成名后,就变得标新立异了。

当时上海有个"造寸时装店",老板张裁缝善于量体裁衣,使女性身材扬长避短,因此大获欢迎。 张爱玲也是那里的常客,却总是亲自设计些奇装异服。 一次她要订做一条大红裙子,张裁缝认为不合适,但反对意见被张爱玲直接无视了。 裙子做好后,张爱玲心满意足地哈哈大笑:"我这身红裙,真要妒煞石榴花了!"

不羡人间富贵花

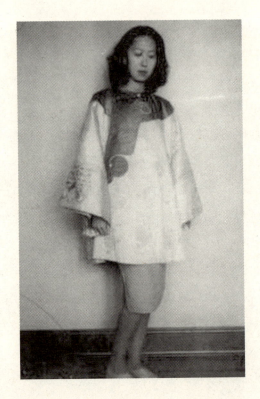

对于她的奇装异服，女作家潘柳黛对此有诸多诙谐记录：

旗袍外边罩件短袄，就是张爱玲发明的奇装异服之一。

张爱玲穿着奇装异服到苏青家去，整条街都轰动了，她走在前面，后面就追满了看热闹的小孩子。一面追，一面叫。

出版《传奇》时，张爱玲穿着奇装异服到印刷所去，结果整个印刷所的工人都看得目瞪口呆，全部停了工。

对此，张爱玲后来自嘲说："我小时候没有好衣服穿，后来有一阵拼命穿得鲜艳，以致博得'奇装异服'的'美名'。穿过就算了，现在也不想了。"

看来,这还是后妈的旧衣服给张爱玲蒙上的心灵阴影啊。

因为盛名在外,后来张爱玲干脆打算和炎樱开一家时装店,专门给淑女们设计服装。炎樱没有意见,但炎樱的妹妹却质疑起张爱玲这个时尚达人:我们会设计时装,你能做什么呀?张爱玲赶紧一琢磨,觉得自己只会做广告。于是到报上去发了《炎樱衣谱》,号称"不过是要使这世界美丽一点!使女人美丽一点,间接的也使男人的世界美丽一点"。

可惜,因为形势,服装店最终没开起来。

五

这个时期里,张爱玲又认识了一个要好的女朋友,苏青。

苏青是个女作家,同时也是《天地》的编辑。她向张爱玲约稿,但又怕张爱玲耍大牌,便可怜兮兮又风趣地请她"叨在同性",给篇稿子吧。张爱玲笑了,觉得她有趣,一来二去两人就成好朋友了。

苏青为人爽朗,总是在编后记里大力称赞张爱玲的小说。如果张爱玲要出书了,她也会帮忙宣传。张爱玲也挺欣赏苏青,说:"把我同冰心、白薇她们来比较,我实在不能引以为荣,只有和苏青相提并论我是甘心情愿的。"

由于在文章上惺惺相惜,两人在私下交情也不错,经常一起逛逛街、串串门儿什么的。不过，自从一个人出现后，她们的关系就变得有一丝丝微妙了。

这个人，就是胡兰成。

胡兰成和苏青是同乡，两人关系一直不错。

1943年10月，他躺在院子里的藤椅上，读苏青寄给他的《天地》。读到其中一篇叫《封锁》的小说时，他不由大觉惊艳，直起身子看了一遍又一遍。

最后他看了作者，叫张爱玲。

张爱玲的笔端才华横溢，胡兰成是识货人。他抑制不住仰慕之情，写信问苏青："这张爱玲果是何人？"结果苏青回信呛了他一下："是女子。"

接着，胡兰成因为开罪汪精卫而被捕下狱。期间，苏青还拉着张爱玲，一起上周佛海家里帮胡兰成说情。本来要定死罪的，但坐了几个月牢，到第二年春天胡兰成就被释放了。

胡兰成逃出生天后，到南京休养。苏青陆续寄来的《天地》，让他对张爱玲文字的好感持续上升。尤其是一期上，同时刊登了作者张爱玲的小照。看起来倒也是个时尚清秀的女子，胡兰成顿时念念不忘，夹起杂志就回到了上海。

他心情急迫，一出车站就去编辑部找苏青。

见苏青很高兴，因此胡兰成也不提来意。陪着她吃饭逛街，然后绅士地送苏青回家。哄得她高兴了，才提出想要见一见张爱玲。苏青仍然推脱说："张爱玲不见人的。"胡兰成又追要地址，苏青迟疑一下，才写给他。

其实苏青说的不错，张爱玲最讨厌的事就是见读者。

第二天胡兰成兴冲冲地找上门去，结果就吃了闭门羹。但是胡兰成这个人，是不怕受挫的。他在字条上写下自己的地址和电话，并请爱玲小姐方便的时候安排见上一面。然后把字条塞进门缝，施施然回去了。

胡兰成万万没想到，第二天就接到了张爱玲的电话，说要上门来拜访他，而且是马上就到了。女人的情绪不可捉摸，总是变来变去。或许是苏青盛赞过他，张爱玲对他个人有些好感吧。这样的突然袭击，胡兰成竟也有些局促，觉得"我的客厅今天变得不合适了"。

胡兰成后来回忆，等真见了面，才发现张爱玲完全不是他想的那样。他第一没想到张爱玲个子那样高。第二没想到张爱玲笔下如此老辣，本人却是一副"幼稚可怜相"，不像个作家，倒像个不成熟的女学生。

但胡兰成很善于交流，才思敏捷又滔滔不绝。让张爱玲这样不善于交往的人，都有一见如故的知音感。两人一直聊了五六个小时，到分别时已经很熟的样子了。胡兰成忍不住问了他感兴趣的一个话题，你每月稿费收入几何？而张爱玲对他的无礼也不反感。

最后胡兰成送张爱玲出去，两个人并肩走着，他忽然说："你的身材这样高，这怎么可以？"这显然是一句调情，看似莫名其义，却可引发无穷遐思。胡兰成老于风月，所以见到女性就不禁想要一试身手。

　　然而,空有满腹理论、却匮乏实战经验的张爱玲,却不禁心如鹿撞了。

　　洞悉人心也惘然,爱情落到自己头上,便也和凡俗女人没两样。

　　第二天,胡兰成去回访张爱玲。

　　这一次,张爱玲在自己的地盘里,超级才女兼贵女的气场充分发挥出来。 胡兰成一下子被震住了,他对当时的情景记忆深刻:房间的装潢华贵到使他不安,张爱玲穿了一件宝蓝绸袄裤,戴了嫩黄边框的眼镜,时尚又特别。 他形容自己的心情,像是刘皇叔进了孙夫人的闺房。

　　再联想到张爱玲显赫的家世,胡兰成的心彻底折服了。

　　他爱慕她的才气,心仪她的贵气。

　　原本他并不喜欢张爱玲的模样。 他喜欢的类型,是下巴尖尖、风情万种的俏丽女子。 可是张爱玲的矜贵和特别,却是从骨子里透出来的。

　　从此,他每隔一天便要去看望张爱玲。

　　然而,他们两个人是谁先爱上谁呢?

　　应该是张爱玲先动了心吧。

　　胡兰成去了三四次后,张爱玲一反愉悦的态度,而是变得烦恼。她写了一张字条给胡兰成,让他不要再去看她了。

　　这个举动折射出张爱玲对爱的自觉,她烦恼是因为她爱上了一个不该爱的人。 此时的胡兰成已是有妇之夫。 再不在乎世俗眼光的叛逆女子,都不会心甘情愿地去当个小三。 近情情却怯,她扭头说走开,心里却盼望他靠近。

风月老手胡兰成岂会看不懂这种欲迎还拒的女性娇羞心理? 他一笑置之,继续殷勤地上门。 张爱玲心底自然是欢喜的,胡兰成若是个急得抓耳挠腮不敢上门的愣头青,又怎么配做她的爱情对手呢? 她有一腔柔情,早就盼望一个人出现来释放。 胡兰成如此知情识趣,她是一万个不舍得放他走的。

他虽然是已婚男人,但她愿意屈服,放弃自己的骄傲。

有一次,胡兰成提起,在杂志见过她的一张肖像。 于是张爱玲主动要把这张照片送给他,并且在照片背后题字:"见了他,她变得很低很低,低到尘埃里,但她心里是欢喜的,从尘埃里开出花来。"

这段话传播甚广。 一开始不明白,爱就爱了,怎么会"变得很低很低"呢? 其实,这是因为张爱玲此时已经过心路百转,她为了爱他,放弃了自己的骄傲和自尊,情愿做一个插足的小三。 牺牲越大,位置自然就越低。

以一种卑微的姿态去爱,越发会爱得义无反顾。

一直在想,张爱玲怎么会迅速爱上胡兰成的呢? 而且还爱得那么彻底。

想必,是因为他人才风流,文才风流吧。

胡兰成当时已经 38 岁,依然是一副讨女人喜欢的书生形象。但他是个什么样的人呢? 一言以蔽之,一个才子,一个人渣。

胡兰成从小家贫,在社会底层吃过很多苦。 他早年有个发妻叫玉凤,后来病逝了。 胡兰成为了埋葬妻子,四处借钱却四处碰壁。
这件事深深刺激了他,他说:"我对于怎样天崩地裂的灾难,与人世
的割恩难爱,要我流一滴眼泪,总也不能了。 我是幼年时的啼哭,都
已还给了母亲,成年的号泣,都已还给了玉凤,此心已回到了如天地
之仁!"

其实无论他如何妙笔生花,真正原因不过是穷怕了,所以无所
不为。

当汪精卫注意到他的几分才气,有意网罗他时,胡兰成其实很清
楚自己要选择的,是"汉奸"这样一个职业。 张爱玲是对政治漠然
和懵懂,而胡兰成是清醒地出卖气节。 他回忆说,接到汪精卫邀请
时,他一人搭缆车到山顶坐了一回,下山后就答应参加了。

胡兰成的文章,很快受到了汪伪和日本人的认可。 他写的什么
呢? 他说:"中国人目前最担心的是亡国,因为抗战不能救亡,所
以要和平。"他还说:"战则中日两伤,和则中日两利。"

后来,他凭一篇卖国社论《战难,和亦不易》,受到汪精卫老婆
的赏识,从此开始在汪伪政权里步步高升,成为其高层政要。 虽然
后来开罪了汪精卫,但他一生的汉奸名头却是背实了。

然而就是这样一个人,文笔却是惊人得好。 他的文字精致而伶
俐,轻灵而圆润,有人甚至认为他的才气高过张爱玲。

他说:"我不但对于故乡是荡子,对于岁月亦是荡子。"

他说:"愿使岁月静好,现世安稳。"

胡兰成确实有几分才气,不但文字好,书法也很好。 这让身为

汉奸的他，依然在今天拥有一批粉丝。 粉丝们以为，其人可废，其文不可废。 然而，无论胡兰成如何善于用文字卖弄乖巧，也无法拔高他的文学地位。 仅以洞悉人心的犀利度而言，他便远远赶不上张爱玲。 还是钱定平的评价中肯：“胡的文章有气韵而无气度，正像他的做人，有灵气而无灵魂。”

无论如何，天真的张爱玲爱上了很坏的胡兰成。

胡兰成依然在南京上班，每个月到上海住八九天，和张爱玲一起。

这是他们的蜜月期，感情炽热甜蜜。 在一起有说不完的话，即便什么都不说也满心欢喜。 张爱玲和胡兰成出双入对，毫不顾忌别人的指指点点。

她不在乎他比她大 14 岁，她从小没感受到父爱，所以有恋父情结。

她不在乎他是汉奸，她对政治没有概念，她只在乎他能令她体验到的爱。

当年王菲嫁给李亚鹏时，朋友们劝她当心被骗。 王菲回答：“你知道现在让我有感觉去爱一个人是一件多难的事，你说亚鹏他有可能骗我，有可能会辜负我，可是我如果一辈子都找不到爱一个人的感觉，那我多辜负我自己啊。”

更早一些，王菲和谢霆锋恋爱时，她说：“男人都是坏的，不如找个帅的。”她的话总是那么精辟，那是因为她总是看得通透。 她唯一只关照自己的需要，来决定爱或不爱，从不关心将来及其他意外。

从这一点看,张爱玲和她一样的通透洒脱。 什么都不重要,只要不辜负自己。

张爱玲因此而挨骂,但她只是回答:因为懂得,所以慈悲。

在她眼里,胡兰成是她的知己,他懂得她、怜惜她。 他给予她无上快乐。

胡兰成说:"张爱玲先生的散文与小说,如果拿颜色来比方,则其明亮的一面是银紫色的,其阴暗的一面是月下的青灰色。"

胡兰成说:"她所寻觅的是,在世界上有一点顶红顶红的红色,或者是一点顶黑顶黑的黑色,作为她的皈依。"

张爱玲以为胡兰成是懂得她的。 为此她宁愿低至尘埃,在所不惜。 她对胡兰成说:"我想过,你将来就是在我这里来来去去亦可以。"她可以不要名分,她可以一生不嫁。

不过胡兰成的老婆不干了,主动要求离婚。 这是他实际上的第三任妻子。

1944 年 8 月,张爱玲和胡兰成结婚。

胡兰成担心自己的身份将来连累张爱玲,于是两个人没有走法律程序,只写了一张婚书,炎樱证婚,就算把婚结了。

有人认为这一做法表明胡兰成没有诚意,其实倒也不见得。 此时日军节节败退,眼看江河日下。 胡兰成的担心不无道理。 最重要的是,他压根就是不怕结婚的人,他是到一个地方谈一次恋爱就要结一次婚的人。 他的态度是:"有志气的男人对于结婚不结婚都可以慷慨。"

我们最后一次收割对方，
从此仇深似海

于是，到底算是结婚了。

张爱玲交际不广，胡兰成却阅历不凡。他给她提供了很多素材，比如他讲了自己庶母的故事，就被张爱玲写进散文《爱》里。胡兰成还给张爱玲讲过一桩秘闻，是汪伪政权内一个高官丁默邨，被一个叫郑苹如的女特务施展美人计，险些刺杀成功的事。张爱玲便根据胡兰成的讲述，写了今天无人不知的《色·戒》。

郑苹如亦是上海名媛，她是出于一腔热血去行刺。然而她的动机，是张爱玲完全不理解的另一个世界。张爱玲用了郑苹如的故事，却让自己的爱情借尸还魂。一个刺杀敌伪高官的悲壮女烈士，摇身一变,成了和易先生爱欲纠缠的王佳芝。

或许,张爱玲真正想讲的,是自己和胡兰成的故事吧。

在《色·戒》里,张爱玲尝试着解释,一个女人为何会爱上一个汉奸。她虽然对政治漠然,但不是在真空里。在民族存亡的时刻,爱上侵略者的走狗,像她那样一个不能以世俗标准衡量的女人,也不免会思索一下这个问题。

她说:"权势是一种春药。"王佳芝目睹了易先生杀伐决断的权势、富贵豪华的生活,作为女人便不得不产生一种仰慕的心理。

她还在小说里引用了辜鸿铭的一句名言:"阴道是通往女人心里的通道。"王佳芝对于易先生是由性而爱,每次和他在一起像是冲了热水澡一样爽快。这不免令人联想起,张爱玲在自传体小说《小团圆》里,也作了露骨的性爱描写。做爱时,男主人公"微红的微笑的脸俯向她,是苦海里长着的一朵赤金莲花";而女主人公甚至因此患上了"子宫颈折断"的隐疾。

张爱玲的小说,便如她自己所说,是在"脏和乱"之中盛开的妖娆花朵。虽然这段爱情在外人看来有些不堪,但张爱玲仍然以一种令人吃惊的坦白,直面着内心的隐秘。因为这种坦白,她才能写出真实的人性。

或许,这就是张爱玲小说至今仍受追捧的原因。

后来的台湾女作家三毛,也曾写过张爱玲和胡兰成的故事——电影《滚滚红尘》。在三毛眼中,摒弃了家仇国恨,这就是一个凄婉的爱情故事。

起初不经意的你，和少年不经世的我。

红尘中的情缘，只因那生命匆匆不语的胶着。

想是人世间的错，或前世流传的因果。

终生的所有，也不惜获取刹那阴阳的交流。

来易来去难去，数十载的人世游。

分易分聚难聚，爱与恨的千古愁。

本应属于你的心，它依然护紧我胸口。

为只为那尘世转变的面孔后的翻云覆雨手。

于是不愿走的你，要告别已不见的我。

至今世间仍有隐约的耳语，跟随我俩的传说。

六

或许抛开其他因素，这个爱情故事真的一样缠绵动人。

然而，不要忘了，这段爱情是胡兰成这样一个坏男人给的。他的爱情，会如一个看似光鲜却满是虫洞的苹果——这个比喻，实则也是脱胎于"张语录"吧。

胡兰成是个好色的登徒子，对张爱玲唯一的两个朋友炎樱和苏青也不例外。炎樱活泼顽皮，胡兰成很喜爱她。但张爱玲很放心炎樱，因为炎樱绝不会来和她抢胡兰成。然而，苏青却不一样。苏青本就是寂寞的离婚女子，和胡兰成又关系匪浅。张爱玲一直有些疑心他们。

有一次,张爱玲去找苏青,却意外发现胡兰成也在。张爱玲当即变脸。

此时,张爱玲再写苏青,便意味深长起来:"苏青与我,不是像一般人所想的那样密切的朋友,我们其实很少见面。也不是像有些人可以想象到的,互相敌视着。同行相妒,似乎是不可避免的,何况都是女人——所有的女人都是同行。"

对于《小团圆》,里面各色人等几乎全部能和张爱玲身边的人对上号,因此被认为是张爱玲披露陈年秘闻的自传小说。在《小团圆》里,以苏青为原型的文姬,却是和女主角的爱人邵之雍(胡兰成)上过床的。上完床,女的还问:"你有性病没有?"男的则笑了:"你呢?你有没有?"

巧的是,在苏青的小说里也有类似情节。一双男女上床后,男的问:"你没有生过什么病吧?"

如果连细节都能对上号,那么张爱玲便不大可能是捕风捉影,而很可能是胡兰成自己吹嘘说出来的。

胡兰成就是这样的男人。他自命风流,且会毫不在意地告诉女友。这种态度,反而让女方不好意思吃醋。比如他说张爱玲:"她想不到会遇见我。我已有妻室,她并不在意。再或我有许多女友,乃至挟妓游玩,她亦不会吃醋。她倒是愿意世上的女子都喜欢我。"

其实,这怎么可能呢?恋爱中的女子全是一样的心理。只不过,为了爱只得忍着罢了。谁叫她就爱上了这样一个坏男人呢?

随着日军的兵败如山倒，胡兰成渐渐有了大难临头的感觉。

他对张爱玲说："将来日本战败，我大概还是能逃脱这一劫的，就是开始一两年恐怕要隐姓埋名躲藏起来，我们不好再在一起的。"张爱玲还开玩笑："那时你变姓名，可叫张牵，或叫张招，天涯地角有我在牵你招你。"

她甚至说："希望这仗永远打下去。"

分别的一天很快就到来了。

1944 年 11 月，胡兰成接编《大楚报》，离开上海去了湖北。

到一个地方，谈一场恋爱，结一次婚，这是胡兰成一贯执行的方针。

他很快搭上了汉阳医院一个 17 岁的护士周训德。小周护士并不十分美丽，但胜在青春年少，活泼烂漫。

胡兰成形容小周护士"有着三月花事的糊涂，一种漫漶的明灭不定"，和她在一起非常轻松。小周灵动俏皮，总爱在房间里和他捉迷藏，在感情上也一样。她从不肯对胡兰成说"我爱你"，胡兰成强迫她说，她只好说了，却立刻跟上一句：假的。胡兰成无可奈何，却对她迷恋得要命。

这些轻松打闹的小情调，似乎在张爱玲那里从不曾有。

钱钟书曾说："女人有女人特别的聪明，轻盈活泼得跟她的举动一样，比起这种聪明，才学不过是浮泛渣滓。"所以，张爱玲的才女身份，其实并不能让她在男人眼中更性感一点。

于是胡兰成说要娶小周，但也不隐瞒张爱玲的存在，所以只好娶她作妾。 但小周不干了,她说不能娘是妾,女儿也是妾(小周的生母是妾)。

胡兰成便哄着她说,好好,我们就正式结婚好了。

于是,胡兰成又举行了一次婚礼。

张爱玲还一无所知,依然痴心情长地写信来嘘寒问暖。

1945年3月,胡兰成回上海住了一个月,把小周的事告诉了张爱玲。

这个消息给张爱玲带来极大打击,以至于"糊涂得不知妒忌"。

她保持着强硬的姿态,告诉胡兰成,有个外国人在追求她,说愿意养她呢——要知道,胡兰成几乎从来没给过她生活费。

但胡兰成哪里会被她的伎俩唬住呢? 他是真正的花心男人,心里可以装很多女人,然而每次都只能看见眼前的这一个。 在上海,他跟张爱玲相处愉快。 回到武汉,就又一心和小周护士郎情妾意了。

虽然张爱玲在感情里,保持着高贵的姿态,但实际上仍和一般女人一样,对于背叛这种事难以接受。 虽然看着毫不以为意的胡兰成,她忍下了翻天醋意和满腔委屈。 但其实,她已经开始慢慢清醒。

这段感情,不过是她刻意培植的温室植株,用来妆点自己的生活。

她已经无视了很多 BUG。 不是她不知道,而是装作不知道。

1945年8月15日,日本投降。

作为汉奸的胡兰成只好隐姓埋名,做末日狂奔。

他化名张嘉仪,自称是张爱玲祖父张佩纶的后人,跑到浙江,投奔高中同学斯颂德。 斯颂德有个庶母，见胡兰成待哪儿都不合适，就主动说，到我老家温江去躲躲风头吧。

于是，庶母就一路送胡兰成去温江。 这位庶母叫范秀美，比胡兰成大两岁。 两个人一路同行，还没走到温江，已经做成了夫妻。

不得不说，胡兰成真是偷香窃玉的好手！ 从舞厅的艳女到清高的才女，从未成年少女到寡居的熟女，一出手就是一个准儿！

胡兰成勾引范秀美，解释说"这在我是因感激"。 他固然有利用的成分，希望能得到她全心全意的庇护。 可是真正在一起后，他便也真正生出依恋之心。 有人把胡兰成比作贾宝玉，最是懂得女人疼惜女人。 无论什么样的女人，总能发掘出动人的地方。

范秀美一生凄苦，还守了半辈子寡。 熟女有熟女的好，知冷知热，付出妥帖的温柔，却并不苛求感情里没有杂质。 将老的女人，在男女之事上最是豁达。 这把年纪了，还能有这般快活，有什么舍不得放不开的？

胡兰成对范秀美来说，是一个再美好不过的礼物了。

这样，胡兰成来到了范家。 范家可说是家破人亡，四壁空空，只剩一个老娘。 狭小的房间里，只有两张床。 胡兰成和范秀美睡大床，老娘睡小床。

胡兰成还是懂得知足的，总算是安顿下来，不用亡命天涯了。

家里家外，胡兰成都和范秀美用夫妻名义相称。 胡兰成比现在躲躲藏藏的男人让女人舒服多了，他从来不惮于给女人名分。

然而，这时发生了一件叫他意外的事情。

张爱玲竟然找上门来了!

乱世之中,千里寻夫。 张爱玲一个弱女子,还是要吃不少苦头的吧。 她失去爱人的音信太久,按捺不住心头的牵挂,所以找上门来。

胡兰成却感到很恼火。 他一见张爱玲就变了脸色,厉声呵斥说:"你来做什么? 还不快回去!"张爱玲一腔情意被浇了一瓢冷水,还不知道自己哪里错了。

这时的胡兰成是逃命时期,张爱玲这个名作家走哪儿都有粉丝盯着,万一把重庆方面的人引来了怎么办啊? 况且,还有一个范秀美。

胡兰成虽然花心,但也多情。 范秀美在落难时救了他,又给了他一腔柔情关爱,他无论如何是存有感激之心的。 何况范秀美毕竟算个新鲜人儿,胡兰成正迷恋着这个母亲型情人呢,可不想伤着她的心了。

胡兰成便哄着张爱玲,对邻居说张爱玲是他妹妹。 毕竟在邻居面前,他和范秀美才是夫妻哪。 而张爱玲,竟然也答应了。

张爱玲反应要慢半拍,这时才过来和他纠缠小周护士的事情。在胡兰成大打太极之中,她才发现,原来胡兰成竟和范秀美也有了真感情。

张爱玲住旅馆,胡兰成来陪她说话。 后来范秀美也过来了,胡兰成立刻像见了亲人一样,诉苦说自己肚子疼。 范秀美便坐在门边的椅子上,问他痛得如何。 两个人之间亲密的气场,让张爱玲觉得自己是被排斥在外的外人。

又有一次，张爱玲夸范秀美漂亮，要给她作画像——胡兰成好本事，怎么弄出这一副妻妾和睦的画面的？ 然而，张爱玲毕竟骗不过自己的内心，画着画着就画不下去了。 后来胡兰成追问缘故，张爱玲伤感地说："我画着画着，只觉得她的眉神情，她的嘴，越来越像你，心里好不震动，一阵难受就再也画不下去了。"

这时张爱玲已经分明觉得自己来错了，胡兰成也一再催促她回去。然而，张爱玲却迟迟舍不得离开。 这份爱情毁灭得太快，而她反应太慢，跟不上胡兰成的节奏，所以还沉浸在往昔的美梦里，半醉半醒的。

她待了二十几天。 一个人在旅馆里，把胡兰成给她的《圣经》看了一半。 胡兰成连连催促，她终于不得不离开了。

离开的那天，天上下着雨。

张爱玲坐在小船里，哭得委屈万分。

她对胡兰成说："我想过，我倘使不得不离开你，亦不致寻短见，亦不能够再爱别人，我将只是萎谢了。"其实，这时张爱玲对胡兰成的爱情已经幻灭了，只不过还凭着一点惯性，温吞吞地贪恋着往日的余情。

此后的八九个月里，张爱玲仍然给胡兰成写信，并给他寄钱。

她说，你现在就像是受困的王宝钏，寒窑里过的日子亦如宝石的川流。

语句多么优美，但她的心却是一点点冷下去了。 她现在做的唯一一件事，就是拼命去爱，等燃烧完内心残余的爱情，一切就结束了。

后来,范秀美怀了孕要流产,胡兰成写信来跟她要钱。张爱玲便当了金戒指,给他寄了这笔钱去——当时她应该是不知道这笔钱的真实用途。

再后来,胡兰成流窜之中,途经上海,到张爱玲处住了一晚。

这一晚,就成了他们的分手夜。

这次见面,分外不愉快。已经过了热恋期的胡兰成,开始挑剔起张爱玲种种缺点。他说,你怎么那么不懂人情世故呢？斯颂德对我有救命大恩,但你却不知道要留人家吃一顿饭。还有,上次你去斯家时,竟然用人家的洗脸盆洗脚,知不知道人家心里很不高兴？

他喋喋不休地说,听说小周护士受我的连累被捕了,我想要去救她。你看过我那篇《武汉记》吗？里面写了很多小周的事呢。

他还原原本本地告诉张爱玲,自己和范秀美的那档子事。以前张爱玲只是疑心,自欺欺人以为胡兰成只是心理上依恋范。万料不到,自己寄去的钱,竟是给范秀美做流产的。

这样残酷的现实,破灭了张爱玲最后一丝幻想。

这一晚,他们分房而居。

第二天,胡兰成来张爱玲的房间告别。他俯下身子吻她,张爱玲从被子里伸出手臂,紧紧抱住他,叫了声"兰成",便流下泪来。

这眼泪,是为他而流,也是为她的爱情而流。

她终究是一个凡俗女子,不是一个能任他"来来去去"的圣母。她为他付出了全部,得到的却只是背叛和苛责。她一度闭目塞听,把他想象成绝世好情人,现在却再也装不下去了。

这便是他们的最后一次见面。

后来，胡兰成重新找到工作，翻身有望，沾沾自喜。

1947年6月，张爱玲给他写来一封分手信："我已经不喜欢你了，你是早已经不喜欢我的了。 这次的决心，是我经过一年半长时间考虑的。 彼惟时以小吉（注：即小劫）故，不欲增加你的困难。你不要来寻我，即或写信来，我亦是不看的了。"

随信，张爱玲还附上了30万元稿费，作为分手费。

胡兰成说，当时他觉得"好像青天白日里一声响亮，但心思却很静"。

这样，两个人便正式分手了。

这段爱情是张爱玲生命里，最深刻的一段爱情。 尽管我们看不起胡兰成的为人，但张爱玲毕竟从他那里得到了最美妙的体验、度过了最幸福的辰光。

这段爱情带给她的创伤，她经年累月亦未抚平。

和胡兰成分手后，她的写作也进入低迷期。

七

张爱玲给胡兰成的30万元，可不是一笔小数目。

这笔钱是怎么来的呢？ 这就涉及张爱玲生命里另一段情缘了。

张爱玲是受到了胡兰成的牵连的。 胡兰成逃走后，她就成了人人侧目的"汉奸婆"。尽管她曾红极一时,此时也不得不搁笔。

1946年,张爱玲通过柯灵的介绍,认识了导演桑弧。桑弧邀请张爱玲写一部电影剧本。这无疑是向身处困境的张爱玲,伸出了援手。

张爱玲的才华,确实是真金不怕火炼。

她和桑弧合作的第一部电影是《不了情》,讲述一个女家庭教师爱上学生父亲,最后却不愿破坏对方的家庭而悄然离去的故事。自一夫一妻制度确立以来,小三的故事便是永远的热点。因此,电影上映后大获成功。

桑弧趁热打铁,又和张爱玲合作了一部《太太万岁》,同样也引起了轰动。

两部电影剧本的稿费一共30万元,张爱玲通通拿去给胡兰成做了分手费,也算是大女人的高姿态了。

她身处刻骨的伤痛之中,一开始并未注意到桑弧。这个沉默老实的31岁的男子,完全和胡兰成是两类人。不会花言巧语,不会百般调情。然而,自有一种男儿如山的气度,一种沉醉于电影世界的魅力。

很长一段时间内,外界都不知道他们曾有过一段恋情,还以为他们只是朋友。自始至终,桑弧从未对张爱玲发表过一个字的评论。

直到张爱玲发表了《小团圆》——为什么会把《小团圆》当作张爱玲生平的考据来源,后文自会解释。在《小团圆》中,以桑弧为原型的燕山和张爱玲化身而成的九莉曾经深爱过。九莉很爱燕山，她对燕山说："没有人会像我这样喜欢你的。"九莉也深深感激燕山，小说最后写道："但是燕山的事她从来没懊悔过，因为那时候幸亏有他。"

为何张爱玲对桑弧的爱充满感激？ 一是因为他在事业上拯救了她，二是因为他在感情上救赎了她——治疗爱情的创伤，没有什么比一段新恋情更好了。

所以，多么遗憾。 张爱玲没有在最合适的时候遇到桑弧。

他们在才华上互相激赏。 如果有端方持重的桑弧的庇护，偏激任性的张爱玲，会不会要过得幸福一些、走得光明一些呢？

纵观张爱玲一生，这确实是她唯一一个获得世俗圆满的机会。

可惜了。 此时他们有太多的障碍，而张爱玲又不肯争取。

据说，他们共同的朋友龚之方，还为他们做过媒。

龚之方登门拜访，直截了当地说："大家都说，你和桑弧男才女貌，年龄相当，是很理想的一对佳偶呢。 你考虑一下啊。"

然而张爱玲听了，却凄然半晌，再三摇头。

听说桑弧的大哥是反对他们在一起的，觉得写作不是正经职业。 况且，有胡兰成的往事在前，哪个男人都是介意的吧？ 从事业上看，张爱玲这时已写了《十八春》，但终究是不习惯文章有政治倾向，于是决定要离开。

种种原因，让张爱玲轻易地放弃了这段姻缘。

1951 年，桑弧结婚了，娶的是一个圈外女子，感情很好。

第二年，张爱玲便离开上海，去了香港。

八

张爱玲第二次来到香港,本来已经申请到香港大学复学了。然而,因为学费没有着落,只得作罢。

为着生计,她经人介绍在美国新闻处当了翻译。堂堂大作家沦为工薪阶层,已是不如意了。不料还有更搞笑的。胡兰成道听途说了张爱玲在香港,以为美国新闻处就是美国中情局。于是写信来问:爱玲,你可以介绍我到 CIA 工作不?吓得张爱玲原信退回。

张爱玲很不喜欢翻译的工作,不过倒是和一个同事交上了朋友。这名同事叫邝文美,也是从上海迁来的,所以让张爱玲觉得很亲切。邝文美的老公宋淇,是著名的红学评论家和翻译家。宋淇夫妇很赏识张爱玲的才华,也成了她唯一的终身的朋友。

当时张爱玲的经济非常拮据,租住的房屋连写字台都没有。在这种情况下,她接受一家杂志社的邀请,动笔写了《秧歌》和《赤地之恋》。这是两本让人非常吃惊的小说,一向不问政事的张爱玲,却写起了她完全不熟悉的农村和"三反五反"等政治题材。她用华丽的文笔描写农民,却不免失之于虚假。

这和当时的背景有关。当时,反华的美国亚洲基金会,特别资助一批文人创作"绿背小说"。《秧歌》和《赤地之恋》就是其中的代表作。当时美国新闻处处长麦卡锡曾亲口告诉陈若曦:张爱玲的这两部小说是在他们的授意下虚构的。张爱玲后来也承认:

"《赤地之恋》是在'授权'的情形下写成的，所以非常不满意，因为故事大纲已经固定了，还有什么地方可供作者发挥的呢？"

虽然张爱玲后来也觉不满意，但这笔奖金却缓解了她的燃眉之急。并且，这一次合作，也为她开启了前往美国的大门。

1955年，张爱玲以难民身份前往美国。

在香港已经穷困潦倒，在美国就更加举步维艰。几个月后，她向麦克道威尔文艺营提出了申请。文艺营是一个为有才华的艺术家提供创作场所的地方。在这里，有优美的风景和免费的食宿。

进了文艺营，张爱玲每天就窝在自己的工作室里写东西。

忽然有一天，她听见大厅里很喧闹，就望了一眼。原来是一个美国老人在高谈阔论，艺术家们围着他，听得津津有味。张爱玲不由自主地走了过去。而那个美国老人也仿佛感应到了，转头看了张爱玲一眼。

张爱玲立刻觉得："这张脸好像写得很好的第一章，使人想看下去。"

这个美国老人就是赖雅。

虽然他年轻时英俊倜傥，但这一年他已经65岁。而张爱玲36岁。

或许是他激情洒脱的个性吸引了她，或许是他的才华令她认可，或许仅仅是他大过她父亲的年龄令她觉得安全。张爱玲开始和赖雅走得很近。

赖雅是德裔美国人，他和张爱玲一样，从小就被视为神童。因为早早在文学上显露出耀眼的天赋,便一直以自由撰稿为生。 他知识丰富,谈吐幽默。 赖雅个性浪漫而豪放,和古龙有一点像:拿了一笔稿费就立刻花光,花光了再写稿挣钱。 他离婚之后,身边的女友也是换了一茬又一茬。 不过,赖雅的生活重心倒并不是女人,他只是愿意享受自由的生活而已。

这样洒脱的人生态度,或许令张爱玲有发自内心的欣赏。

她虽然因为青春期遭遇过经济的窘迫,而养成了现实的态度。然而,真正看她在人生的关键步骤上,却从来没把金钱当成一回事过!

赖雅邀请张爱玲到自己的工作室参观,给她看他写的电影剧本。

而张爱玲也礼貌地回请赖雅来自己的工作室。

短短几天,张爱玲已经又陷入了一场恋爱之中!

一切浪漫的事情,都以浪漫的方式发生。

张爱玲的粉丝不喜欢谈论赖雅,因为他太老太老的年纪,以及他落魄的一生。 他们再次为张爱玲感到不值。 可是,张爱玲这样性灵自由的女子,别人是不可能强迫她做什么事情的。 她和赖雅在一起,只是因为她心甘情愿。

有一件有趣的事情,也许张爱玲从来没放在心上过。 那就是,赖雅是一个坚定的马克思主义者! 他信奉共产主义,甚至不能容忍别人说一点坏话。

想起张爱玲爱过的胡兰成,不免让人觉得啼笑皆非。 实际上,对于张爱玲而言，身边的男人信仰什么并不重要，年轻或年老也不重要。 她唯一在意的是彼此是否能有灵魂的共鸣。 她只在乎，在爱情来到时就紧紧抓住，不可辜负了自己呀。

然而，很快赖雅在文艺营的通行证到期了，必须离开。 他的下一个目标是纽约耶多的文艺营，他要在那里继续写作。

离开的那一天阳光明媚，正如赖雅其人也永远如阳光一般温和。

在这种阳光的气场下，张爱玲发挥不出旧式女子的哀怨，但心里仍缠绕着浓浓的依恋和对未来的恐惧。 她一路絮絮诉说着，不知道自己在文艺营到期后如何生活？ 不知道自己的小说在美国会不会受到欢迎？

她仿佛一个茫然的小女孩，而赖雅则扮演着一个慈爱的父亲。他用温暖的手拍着她的肩膀说："不要把明天的痛苦提前到今天晚上。"他有着张爱玲缺乏的、美国式的洒脱。

但接下来张爱玲做了一件令赖雅惊奇的事。 送赖雅上车前，她掏出了一叠现金交到赖雅手上。 她自己也很穷，但她知道金钱的重要，所以用钱来表达爱。 这是张爱玲的方式。 从前她也这样对待胡兰成，但胡兰成从不感激。

赖雅却很感动。 他可能从未想到，会有女人这样来爱自己。

张爱玲在他心上变得不同，或许是从这一刻开始。

一个多月后，张爱玲也离开了文艺营。

然而，这时她发现自己怀孕了，便写信把这件事告诉了赖雅。

赖雅在将老之时,得到一个才华横溢的年轻女子青睐,本来已是幸运之事。加上他觉得自己应该负责任,便回信向张爱玲求了婚。

但张爱玲没看到这封信,因为她已经迫切地奔向了纽约。

赖雅很高兴地等着她的到来,他把张爱玲带到一个充满浪漫气氛的餐馆,恳切地向张爱玲提出了求婚。但他还提了一个要求:他不愿意再养育一个婴儿,希望她堕胎。

这正中张爱玲的下怀,因为她本身也不喜欢小孩。但当时在美国,人流是违法的。张爱玲没办法,只好找到刚到美国的炎樱帮忙。结果是炎樱找上司要了个私人医生的电话,才帮张爱玲摆平了这件事。

1956年8月,张爱玲和赖雅登记结婚。这是在他们相识半年之后。

很难揣测当时张爱玲的心理,孤苦无依的她是否认为赖雅可以保护她?因为他的年龄和他乐观的性格,给了她一种"强大"的假象。实际上,婚后的十多年里,赖雅贫病交加,倒一直是张爱玲绞尽脑汁地赚钱养家,以及给他赚药钱。

结婚两个月后,赖雅中风,几乎死掉。

张爱玲大为惶恐,情绪非常沮丧。幸好赖雅精神上非常乐观,并且也挺过了这一关口。两人从此开始过着上顿不知下顿的漂泊生活。

张爱玲的小说,得不到美国市场的承认。一次一次地被退稿,让心气极高的张爱玲大受打击。她甚至做了噩梦,第二天哭着醒过来。

婚后第二年，张爱玲的母亲在伦敦病重，很想见女儿一面。然而这时张爱玲自顾不暇，连一张机票也买不起。于是黄逸梵孤零零地在异乡去世，死前把一箱古董寄给张爱玲。张爱玲这才体会到母亲的疼爱和无奈，不由失声痛哭。

诸般打击，令张爱玲陷入颓唐情绪之中。

唯一的安慰，是赖雅十分爱他。用炎樱的话来说："我从未见到一个人如此痴爱另一人。"赖雅有一个成年的女儿，虽然不喜欢张爱玲，却也承认父亲"对她是痴爱"。拥有年长丈夫的痴爱，还是可以安抚张爱玲的心的。

张爱玲过 38 岁生日时，FBI 却来人查欠债一事。赖雅生怕影响了张爱玲的情绪，等打发走探员，两人做了青豆、肉和米饭庆祝生日，然后迎着风出去散步。然而，张爱玲却说，这是她平生最快乐的一个生日。

不是相濡以沫，而是相依为命。

1961 年，张爱玲决定回港台找一些写稿子的机会。

这时赖雅心理上已经极为依恋她，生怕她抛弃自己而去。但张爱玲为了赚够医疗费，不得不狠心独自离去。刚到台湾，就听说赖雅再次中风了。可怜此时张爱玲兜里的钱连机票都买不起，只好先到香港投奔宋淇夫妇。

宋淇夫妇那时经济状况也败落了，便让儿子宋以朗睡客厅，让张爱玲在儿子的卧室里写了几个月的稿子。宋以朗回忆，张爱玲确实很孤僻,每天闭门写稿,也不逗他玩耍,"她说话一向倒是挺和善,只是确实有种生人勿近的感觉"。

这一次,张爱玲辛辛苦苦地赶了几个月稿,写出了《红楼梦》的剧本。眼疾恶化,身体状况也很糟。本以为可以拿一笔稿费回美国,不料剧本由于种种原因未被接受。白白忙活了一场,她不禁大失所望。

这时,赖雅连连催促她回美国。

心力交瘁的张爱玲,也是归心似箭。即刻回到纽约和丈夫团聚。

此后的赖雅越发离不开张爱玲,一次发现她不在家,便焦虑不安地报警。张爱玲在这几年里,完全放下了创作,而成为赖雅的全职保姆。他摔断的腿刚刚好了,又因为中风而瘫痪,大小便失禁。

同时,张爱玲还要四处奔波着养活两个人。

在这种情况下,一直生性乐观的赖雅也不禁沮丧不已。

1967 年,赖雅去世。

这对张爱玲来说,是一种解脱吗?看起来是的。但实际上,赖雅的去世也带走了张爱玲生活的意义。看起来是他依恋她,实际上她也依恋着他。

这几年的生活虽然奔忙狼狈,但她一直怀抱希望,对自己的创作和两人的生活,有着种种的规划和期待。赖雅一走,一切都成了虚空。

此后张爱玲独居了将近三十年,几乎与外世隔绝。除了宋淇夫

妇之外，谁也不来往。 即便皇冠出版社做了她二十几年书的编辑，
也从未见过面。

九

老年的张爱玲，关起门来做的唯一一件事，就是写自传。

她早年的情人胡兰成，后来逃到日本去了，和上海大流氓吴四宝
的遗孀佘爱珍结了婚。 多年以来，胡兰成始终舍不得放下"张爱
玲"这面招牌，自己出书是一口一个爱玲叫得肉麻，还要把当年的情
事翻出来卖点稿费。

张爱玲极为反感他。 胡兰成自作多情地寄书给她，她"马上扔
了，免得看了惹气"。 同时埋怨"利用我的名字推销胡兰成的书，
不能不避一点嫌疑"。

虽然她断得干净利落，但独自回首往事时，这一段情事仍是她人
生中避不过去的一页。

张爱玲从 20 世纪 60 年代起，就开始写回忆小说《小团圆》。
写好之后寄给好友宋淇看，但宋淇却回了长长一封信，劝她不要公开
发表。 理由是，读者看了"不会注意文学价值"，而只会一心发掘
作者生平的艳史八卦。

张爱玲一听，也觉得很有道理。 一度想要销毁，又舍不得。

1995 年中秋，张爱玲凄凉地在纽约寓所去世，终年 75 岁。

按照她生前遗嘱，一切遗产及书稿由宋淇夫妇继承。

其实此时她的弟弟张子静尚在人世,但她感激宋淇夫妇多年来的问讯。 所以有这样的决定。

从此,这部《小团圆》遗稿就被皇冠社长平鑫涛家锁在了保险箱中。

直到多年之后,宋淇夫妇病逝,宋淇之子宋以朗才将《小团圆》出版。

《小团圆》确实可以回答先前张爱玲生平的许多未解之谜,因为张爱玲身边每个重要人物几乎都能在其中找到原型。

张爱玲在序中写道:"这是一个热情故事,我想表达出爱情的万转千回,完全幻灭了之后也还有点什么东西在。"

有了这点"东西",她才觉得自己这一生,没有白白来过吧。

郑苹如／尘埃中开出的花朵

一

多年之前,上海最时尚繁华的南京西路,还叫做静安寺路。

这条路上,有一个奢侈品商店,叫做西比利亚皮装店。

一个美貌的女孩子,妖娆地挽着一个平凡的老男人,一起走了进去。 她的笑容里藏着杀机,她心里翻腾着秘密的火焰。

如果在《色·戒》里,她叫王佳芝,她会爱上身边的男人,并让他逃跑。

可是在真实的历史上,她叫郑苹如,她烟视媚行地一转身,给我们留下的却是一个风萧萧兮易水寒、壮士一去兮不复返的悲壮背影。

事发两年之后,张爱玲从港大回到上海,就住在不远处的常德公寓。她常常在夜晚趴在弧形阳台上,眺望着繁华的静安寺路。

她的脚步或许也曾踏上过郑苹如走过的土地。

她的心里也长久地体味过郑苹如的人生轨迹。

然而,她笔下的王佳芝仍然是她自己,而从来不是郑苹如。

郑苹如追求的,是张爱玲所不能理解的,亿万光年之外的另一个热血世界。

二

郑苹如出生于 1918 年,只比张爱玲大两岁。

她们曾先后在上海滩红极一时,一个是因为美貌,一个是因为才华。

郑苹如可说是一代名媛,最终会走上女特工之路,是受到了家庭的影响。

郑苹如的父亲郑钺,早年留学于日本法政大学。孙中山流亡日本时,郑钺加入同盟会参加革命,成为孙中山的忠实拥趸。回国后,郑钺曾在复旦大学执教,后来到上海担任国民政府的高级法官,地位相当高。

郑钺的妻子是一名日本的大家闺秀,叫做木村花子。他们一共生了两子三女,其中二女儿就是郑苹如。

当时,郑家住在法租界文宜坊,那是上海最高级的富人小区之一。 最高级是什么概念呢? 当时一个名牌大学毕业生的工资才 40 大洋,而文宜坊一层楼的租金就要 100 大洋。 郑家住的,是一幢独立的三层别墅。 名犬洋房,算是绝对的富户之家了。

文宜坊约有百户人家,其中两个人物特别出挑,一个是才子邹韬奋,另一个就是郑苹如。 因为郑苹如长得很美,丰满迷人,打扮又极其时尚。 金雄白回忆:"每天傍晚,郑苹如常常骑了一辆脚踏车由学校返家,必然经过我的门口,一个鹅蛋脸,配上一双水汪汪的媚眼,秋波含笑,桃腮生春,确有动人丰韵。"

郑苹如容貌美艳,人又伶俐活泼。

她考入上海法政学院夜校。 会上海话,会国语,也会日语。

她出没于华丽的舞会和高级宴会,结交了不少上等人物。 和她同样时髦漂亮的妹妹,是当时社交场上一对引人注目的姐妹花。 当时上海最大的时尚杂志《良友》也注意到了郑苹如,还邀请她担任了一期封面女郎。

此时的郑苹如,看上去就是一个标准的交际花。

然而她醉生梦死的皮囊之中,包裹的是不一样的灵魂。

父亲对她的管教非常严格。 郑苹如的侄子郑国季说,有一次,郑苹如看见邻居家有把电吉他,非常喜欢,便提出要去学。 但郑钺却不答应,为此郑苹如还把自己关在屋子里哭了一场。

郑钺一直给子女们灌输强烈的爱国思想。 "只要涉及为国家

做的事情,什么都可以牺牲,父亲并不多过问。"由此可见,郑苹如从小受到的家教,就是要勇于为国家牺牲。 这是关键的一点,令郑苹如走上了和其他名媛完全不同的路。

1937 年 8 月 13 日之后,日本大举侵华,淞沪抗战爆发。 国民党军队败退,上海很快沦为"孤岛"。

郑钺更是痛心疾首,教导儿女要为国雪耻。

让人惊异的是木村夫人。 她毫不迟疑地站到了丈夫和中国这一边,并且利用自己的日本人身份作掩护,积极开展地下工作。 她虽然是日本人,所做的却完全是中国人的事。 这可真不是个一般的女子啊!

有其母必有其女。

郑苹如身上也有日本血统，但在父母的影响之下，却无比仇恨侵华的日本，萌生起了强烈的报效国家的大志向。

<h1 style="text-align:center">三</h1>

因为郑家的夫人是日本人，所以日系势力多次上门结交。然而，这都被郑钺断然拒绝了。他朝九晚五地上班，很少与各方势力来往，看似一个中间分子。

其实，郑钺早就是重庆的人了。

确切地说，他是中统的特务。在家里保管着地下电台，为重庆方面搜集情报。当时郑钺一定觉得，为重庆效力，就是报效国家。所以当中统看中了郑苹如的出众和能力时，他也毫不犹豫地同意了。几年以后，他又把心爱的儿子送去参加国民党空军。其报国之情，是拳拳可见啊。

看中郑苹如的人，叫陈宝骅。他是陈立夫的堂弟，国民党上海党部要员。陈宝骅和郑钺私交不错，在日常交往中，觉得郑苹如胆大伶俐、有冒险精神，是个做特工的好材料，于是就有意把她招揽进来。

于是，郑苹如就成了中统的一名实习生。官方说法叫"运用人员"，连登记资料都没有。但从郑苹如后面的工作中可以看出，这丝毫没有影响她的积极性。

中统方面给郑苹如安排了一个顶头上司，叫嵇希宗。他的真实身份是陈立夫兄弟的表弟,时任中统"上海专员办事处"主任委员。

稽希宗年纪很轻,公开身份也是上海法政学院的学生。 换句话说,他是郑苹如的学长,和郑苹如接触再正常不过了。

稽希宗受命第一次接触郑苹如时,就被她的美貌迷倒了。 喜爱挽起发髻的郑苹如,白皙而优雅,是天生的尤物。 在《色戒》中,这个角色叫邝裕民,也就是王力宏饰演的那个爱国学生。 他对王佳芝有一种爱慕而轻视的纠结情绪,始终保持着远远观望的态度。

而现实中的稽希宗,却毫不犹豫地出手了。 他不顾自己已有妻儿,向郑苹如发起了猛烈的追求。 亦真亦假,爱慕美色之心是真的,便于开展工作也是真的。

稽希宗善于投其所好,他发现郑苹如是一片纯真的报国热情,便口口声声要为抗战出力。 加上不时卖弄一下在特工生活积累的一点经验,让郑苹如对他产生了很大好感,觉得他既真心爱国,又有勇有谋,非常值得信任。

稽希宗多次拜访郑家父母,礼貌周到。 郑钺便默认了这段关系,在他看来,为了国家儿女做出什么牺牲都是值得的。

这样一来,稽希宗和郑苹如仿佛真成了男女朋友。

这时是在 1937 年底。

很快,郑苹如就在特工生涯中展示出惊人天赋。

一开始,她并没有接到什么硬性任务。 就是利用天然的美貌和血统的优势,在灯红酒绿的社交场上,和各路日本军方和日伪人员套近乎,搜集情报。

一个娇滴滴的女孩子，粉面桃腮动人，是男人都会不自觉地放松警惕。美人计自古就奇妙无穷。聪明的郑苹如由此套到了不少情报，然而最让她兴奋的，却是一条大鱼的出现：日本首相近卫文麿的长子近卫文隆来到了上海！

近卫文隆是一个典型的花花公子。他是个海归，到美国普林斯顿大学留过学。白白花了一大笔钱，仍是个扶不起的阿斗。近卫文麿很郁闷，就把他召到上海，到"东亚同文书院"里担任一个闲职。

书院里清苦的环境，把近卫文隆闷坏了。他很快投身十里洋场的花花世界，在这里，他立刻就为艳光四射的郑苹如所倾倒了。面对这样一个重要人物，郑苹如当然会重点笼络。近卫文隆很快就被迷得晕头转向了。

回报是丰厚的，郑苹如不但从近卫文隆本人口中探听到了很多有用的情报，还通过他结识了一大批日伪高官。

在这样的周旋中，郑苹如得到了一个惊天消息：汪精卫即将投日！

这个消息立刻通过嵇希宗上报重庆。

然而奇怪的是，重庆一点反应都没有。不知道是工作疏忽看漏了，还是故意冷处理，就是要等汪精卫露出汉奸嘴脸。

果然，1938年底，汪精卫发出致蒋介石的"艳电"，决意叛变对日妥协。这份声明之所以叫艳电，是因为当日的韵目代日为"艳"。

　　这时,重庆方面一整理情报才发现,哎呀,原来在遍布全国的特工之中,最先报告汪精卫叛变消息的,竟然是郑苹如!

　　上级对这条情报线,不禁刮目相看。

　　此时,郑苹如又做了一件让上峰震动的事。

　　她决定绑架近卫文隆。 她的想法很单纯:一旦能成功绑架近卫文隆,就可以要挟近卫文麿,迫使他作出停战的决定。 这样一来,两国的战争不就结束了吗?

　　这个幼稚的念头,不知道是她自己冒出来的,还是嵇希宗怂恿的。 嵇希宗当然不会认为这样可以使两国停战,他只希望以此立功。

　　于是,郑苹如便真的行动了。

　　一天,郑苹如约近卫文隆去巴拿马夜总会玩。 出来之后,她又提议去一个朋友家里玩。 温香软玉在怀,近卫文隆毫无戒心,乐呵呵地就去了。

　　这时,嵇希宗得意洋洋地向上级通报了自己的战果:近卫公子已经被我们软禁起来了,现在领导想咋样就咋样。

　　重庆方面得到这个消息,如临大敌。 经过一番讨论,重庆命令嵇希宗立刻停止这一冒险的行为,因为担心会激怒近卫文麿,使他彻底站到强硬派一边。

　　这一史实,中日双方的史料都有记录。

　　于是,郑苹如只得把近卫公子放了回去。 近卫公子失踪了两天,日方的人都急坏了。 可他本人还毫无察觉,只觉得玩得挺高兴的。

　　一场大风波无声无息地湮灭,郑苹如的能力已毋庸置疑。

四

接下来，郑苹如接到了第一项实质性的任务。

这是一项营救任务，对象是被关入 76 号的军统特工熊剑东。熊剑东是国民党少将，其时任六县游击司令，在苏常一带抗击日军。1939 年 3 月被日军俘获。

想要救人，先得了解 76 号是个什么地方。

76 号还有个别称，叫做杀人魔窟。它其实是汪伪政权的特工总部，因为位于极司菲尔路 76 号而得名。76 号暗杀过很多抗日人士，也秘密抓捕过许多国共党员。这里的牢房，常年因为施加酷刑而传出哀号，血腥气息冲天。

76 号从建立之初，就有两个头目：一号人物丁默邨，二号人物李士群。

郑苹如把目光锁定在了丁默邨身上。

丁默邨，也就是《色戒》中易先生的原型。

真实的他并不英俊，为人就更是不堪。他一生没有信仰，只有投机，换党派犹如跳槽一般容易。

最初，他加入了中国共产党。但三年之后，就投奔了国民党，并且成为陈立夫兄弟的心腹之一。由于遭到戴笠的嫉妒，丁默邨受到排挤，就干脆投奔了日本人。他一手建立起 76 号，屠杀了大批抗日人士。连日本记者都形容他是"婴儿见之都不敢出声的恐怖主义

者",国人更称他为"丁屠夫"。

而郑苹如,就是要去和这样一个杀人魔王周旋。

她的底气,在于丁默邨是一个色中饿鬼。他虽然是肺病三期,却一直壮阳药不离身。据说还一度迷恋过京剧名角童芷苓。

对于如何接近丁默邨这样一个特务头子，郑苹如和嵇希宗反复商量。嵇希宗得到一个情报，丁默邨曾当过郑苹如的中学校长，也算有一点渊源。于是，他建议郑苹如直接走进76号，以学生的名义求见丁默邨。

求见之后唯一可以凭恃的，便是郑苹如的美色了。

于是，郑苹如打扮得光彩照人，大大方方地走到76号门前。

紧闭的大铁门前，身挎长枪的警卫立刻挡住了她。当时的郑苹如还是有些紧张的吧？根据嵇希宗的描述，铁门的暗处还架着机关枪。

但郑苹如把架子端得十足。她很清楚，不把警卫镇住，就根本没机会见到丁默邨。她傲然而妩媚地说："请通报一下，我找丁默邨。"

结果，警卫真的乖乖去通报了。想必丁默邨好色的名头太盛，眼见这样一个美貌小姐找上门来，摸不清是哪位新宠，自然犯不上得罪她。

总而言之，郑苹如顺利见到了丁默邨。

接下来，也确实如嵇希宗所料，丁默邨一见天生丽质的郑苹如，就如饿狼见到了羔羊。郑苹如笑容满面，一口一个丁校长，仿佛是来和他叙旧一般。

人和人相处，由头不重要，愉快才重要。

只要愉快，就总能再找到借口见面。

就如郑苹如，她本身就是丁默邨的软肋。丁默邨一见到她心里就又痒又喜,又怎么会对她的频频拜访感到不满呢?

来往几次后,两个人已经比较熟悉了。

丁默邨颇为关心郑苹如的就业问题,因为郑苹如就读的上海法政学院已经内迁,她便失学了。郑苹如就说了:丁校长啊,我现在倒不着急找工作,倒是为我一个女朋友的事情着急。不晓得你肯不肯帮帮小忙?

丁默邨说,好说好说,是什么事?

于是郑苹如就把熊剑东的夫人唐逸君带来了。

唐逸君抹着眼泪,可怜巴巴地说:我丈夫只是个生意人,并不是重庆那边的人。求丁校长高抬贵手,放过他吧。

让郑苹如惊喜的是,几天之后,熊剑东真的被放了出来。

这让她对自己的能力更为自信,也觉得丁默邨是尽在自己的掌握中了。

然而郑苹如还是太天真了。她不知道的是,熊剑东的被释放其实是日本人计划中的事情,背后另有隐情。丁默邨只是顺水推舟罢了。

五

营救行动大获成功,郑苹如进一步得到上司信任。

嵇希宗终于向她提出了高难度的终极任务:刺杀丁默邨。

此时,汪精卫一干人叛国投敌的行径,引起公愤。刺汪的行为不时发生。 1939 年底,国民党少将戴星炳假意投靠汪精卫,试图寻机刺杀,不料事发而被杀害。 在这样的形势下,中统和军统都下达命令,要重创 76 号。 其中一项任务,就是刺杀 76 号的特务头子丁默邨。

这个使命,落到了表现优异的郑苹如头上。

王佳芝爱上了易先生,郑苹如却从不曾爱上丁默邨。 或许她还很憎恶他,他色迷迷的眼光像滑腻的蛇一样令她生厌。

要真正接近狡猾的丁默邨,她必须付出更多,更多。

殷切看着她的嵇希宗,或许也鼓励了她的决心。 她应该是喜欢他的,因为她青春的生命里只出现了这样一个貌似导师的男人。 他应该也是喜欢她的,谁也舍不得把这样一个如花美人推给别人。 可是,为了立功,也就没有什么不舍得的。

郑苹如慨然接受了任务。

这个美丽女子当时脑子里想的是什么呢? 是不是父亲谆谆教给她的八个字:为国效力,在所不辞?

古代的刺客会隐姓埋名,像聂政甚至自毁容貌,以免连累家人。可是郑苹如却始终以真实身份示人,因为她的日本血统是再好不过的天然面具。

丁默邨因此也对郑苹如多了几分信任。 当然,他也没有放弃通过郑苹如来拉拢郑家,手段是威逼利诱。

比如闲聊时,丁默邨就说:你父亲不是高二分院的首席检察官吗? 怎么不参加“和平运动”啊? 坚持不参加,可能有性命之忧哦! 所谓和平运动,无非是投敌卖国的行为。 郑苹如回家后跟父母一说,郑钺决定不加理睬。

于是郑苹如装傻撒娇,若即若离地勾引着丁默邨。 通过几个月的交往,丁默邨已把郑苹如当作爱慕虚荣的普通女孩,在她身上花钱如流水。

然而,刺杀计划仍然不容易展开。

作为特工头子,丁默邨的专业就是搞暗杀。 他明白危险在哪里,所以处处小心提防。 加上几起未遂的刺杀案,更促使他随时把警惕的弦绷得紧紧的。

每次和郑苹如约会,地点时间都是丁默邨定好了的。 郑苹如若想约他去某个地方,他就打着太极推掉。

郑苹如化被动为主动,策划了第一次行刺方案。

她邀请丁默邨到家里来玩,在万宜坊附近埋伏了刺杀的中统特工。 丁默邨对郑苹如一点不怀疑,禁不住她撒娇要求,就答应了。

然而不知为什么,丁默邨的轿车已快开到郑家时,却改变主意掉头离去。 是他临时有事呢,还是身为特工的第六感? 不得而知。

这一次刺杀计划,宣告失败。

快到 1939 年圣诞节时,又有了第二次机会。

丁默邨告诉郑苹如,日本特务头目晴气庆胤邀请他去重光堂,共度圣诞夜。 重光堂是什么地方呢? 就是日本在上海的特务机关。丁默邨还说,到时会带她一起去出席宴会。

郑苹如立刻把这个消息告诉给了上级。

刺杀丁默邨行动的重要性已经升级,中统上海区负责人张瑞京亲自来抓。 于是,他们一起制定了第二次刺杀方案。

刚制定好方案,张瑞京就被 76 号抓捕了!

张瑞京被捕之后,把自己知道的一切一五一十地供了出来,包括郑苹如准备刺杀丁默邨的前前后后。 然而,逮住张瑞京的不是别人,而是 76 号的二号人物李士群。 李士群早就眼红丁默邨的头把交椅了,一听说有人要刺杀丁默邨,是正中下怀。 赶紧封锁消息,并且把张瑞京藏了起来。 等着看好戏。

其他人完全不知情,所以郑苹如仍然按计划开展行动。

1939 年 12 月 21 日,丁默邨去一个朋友家吃午饭,临时打电话叫上了郑苹如。 他们一起待到了傍晚,郑苹如说要去南京路。 于是丁默邨就开车送她去。

走到静安寺路时,郑苹如突然撒娇:你叫我圣诞节陪你出息宴会,可我连一件像样的新大衣都没有,多给你丢脸啊。

小女友这样说,一般男人就明白:又要被敲竹杠了。

丁默邨对女人向来大方,自以为明白她的小心思:那现在给你买一件去?

于是,郑苹如顺理成章地拖着丁默邨进了一间名叫“西比利亚皮货店”的商店,这里出售昂贵的淑女皮裘。

把刺杀地点定在奢侈品商店,是比较合理的。 郑苹如想拖丁默邨去任何地方,都可能引起怀疑。 唯有打着买大衣的借口,宰他一顿,是完全符合虚荣小美女的定位的。

而刺杀的时间是怎么定的呢? 丁默邨是临时约郑苹如出来的,

她事先不可能知道。 其实这也是郑苹如聪明的地方,一个随机的时间,又是丁默邨自己定的,他起疑的可能性就大大降低了。 但郑苹如陪了丁默邨一下午,期间她总可以借着上洗手间补妆的机会,偷偷出来打个电话吧?

总之,当郑苹如挽着丁默邨的胳膊,进入西比利亚皮货店时,外面怀揣手枪的中统特工已经到位。

丁默邨一直信奉的特工守则:每到一个不是预先约定的地方,停留时间不超过半小时,就应该不会有危险。

所以,丁默邨敢于进入皮货店。 然而,他确实是一个训练有素、警惕性极高的老狐狸。 而相比之下,担任射击任务的中统特工,实在是太业余了!

在郑苹如挑选大衣时,丁默邨突然发现玻璃橱窗外,有行迹可疑的人! 那正是在寻找目标的中统特工。 因为玻璃的反光,他们不能确定丁默邨的位置,所以就在外面反复打望——不可思议! 他们之前没有实地考察过吗?

就是这一点疏忽,已经给丁默邨提了醒。

他掏出一叠钞票,往柜台上一撒说:"你自己挑吧,我先走了。"说着人已经飞也似的跑出去了。 门外的伏击人员还没回过神来,丁默邨已经跳上汽车跑了。

这时才开始射击,已经没用了。 人家的车是防弹的!

郑苹如仍镇定地站在橱窗前浏览,心里却明白:刺杀又一次失败了。

我们最后一次收割对方，
从此仇深似海

此时如果她立刻逃跑，或许还有一线活命的机会。

可是，郑苹如对自己的任务执著之极，竟舍不得放过一丝希望。

因为丁默邨那边没有一点异常，郑苹如便心存侥幸，以为自己还没有暴露。为了探知丁默邨的确切动向，她主动给他打电话去慰问，佯装出一副受惊的样子："默邨，你还好吗？ 那天可把我吓坏了，到底出了什么事啊？"

丁默邨仍和往常一样，软语安慰。

郑苹如说自己缺钱花，他也即刻派人送来。

于是郑苹如安了心，以为自己真的很安全。

其实怎么可能呢？ 丁默邨是何等样人，当时的情况，郑苹如是唯一的嫌疑人。他回去想一想，就全都明白了。

他之所以没有立刻动手，或许是不想打草惊蛇，也或许真的有一点舍不得。 可惜了，这样的温香软玉。 可惜了，他还没到神魂颠倒的地步。

郑苹如怀着背水一战的念头，策划了第三次刺杀行动。 她要以共度浪漫平安夜的名义，到76号去行刺丁默邨。

不知此时的嵇希宗是什么态度？ 眼看着郑苹如一步步走向必死之路，只为了她可能刺杀成功、而他有可能立下大功？

1939年的平安夜，郑苹如打扮得花枝招展、身藏勃朗宁手枪，走进76号。

无论是美人，抑或是侠士，都是一去不复返了。

此时，丁默邨的手下已经等待她多时了。

六

郑苹如落入一个心狠手辣的人手中。

她被抓捕后,被关在76号第一行动队队长林之江家里。

郑苹如不甘心束手就擒,对林之江眉挑目语,极尽挑逗,试图说服林之江和她一起私奔。 而她的魅力也真不是盖的。 像林之江这样杀人不眨眼的魔头,在她的含情电眼、妩媚笑颜之下也不禁怦然心动。 林之江晚年回忆,当时郑苹如"烟视媚行,弄得他荡气回肠,曾经几度为之意动"。

然而,林之江最终还是稳住了心神。 他总结教训,觉得一个男

我们最后一次收割对方，从此仇深似海

人无论如何无法客观看待一个像郑苹如这样的尤物。 于是，郑苹如接下来被交到了一个女人手里，那就是 76 号警卫大队长吴四宝的老婆佘爱珍。

佘爱珍，也就是后来成为胡兰成老婆的那个女人。 风流成性的胡兰成早就和佘爱珍暗通款曲，他对郑苹如一案知道得如此详细，也就毫不奇怪了。

佘爱珍用遍了所有残酷的刑具。 有机会折磨一个如花似玉的美人，她肯定使出了浑身解数。 面对这种局面，郑苹如又另有一套对策：她一口咬定自己是因为争风吃醋，一时糊涂才雇人吓唬一下丁默邨。 她说自己深爱丁默邨，可他却四处留情。 因此花钱请人来吓唬吓唬他，不是真的想要他的命。

佘爱珍问：你请的人叫什么名字，你怎么认识他的？

郑苹如从容回答：枪手是黑社会的帮会成员，只知道他姓张。

佘爱珍又问：你们怎么联系上的？

郑苹如眼睛都不眨一下说：按他们的帮规，由他们规定地点。在兆丰公园人工湖，湖边第二棵柳树下碰头。

这套说辞，显示出郑苹如的聪明。 不承认是中统特工，就可以保护其他人员的安全。 咬定是感情纠纷，或者还有希望软化丁默邨的心。

聪明的背后，是她的铮铮铁骨。

可惜她万万没有料到，她在上海区的最高领导张瑞京早已把她供了出来。 她的所有聪明都是枉费，她的所有坚持早被出卖。

在《色戒》里，易先生一发现王佳芝是间谍，立即毫不手软地将之处死。这出自张爱玲的想象，她希望通过女人的天真多情和男人的严酷绝情，演绎出一种自伤自怜的受虐式爱情。

但实际上，丁默邨还是颇有怜香惜玉之心。虽然郑苹如要杀他，他还是不太舍得杀了她。真正致郑苹如于死地的，其实正是她那种迷死男人不偿命的绝世魅力。这种魅力激起了76号太太团的集体公愤，必欲置之死地而后快。

一天，周佛海的太太请汪系要人的太太们在家吃午饭。茶余饭后，热门话题自然就是被关押的郑苹如。这些太太们都出于好奇去牢里观摩过这个施展美人计的女特工，惊艳之余，不免产生嫉恨之情。太太们"一致批评郑苹如生得满身妖气，谓此女不杀，无异让她们的丈夫更敢在外放胆胡为"。

其中丁默邨的夫人赵慧敏，对郑苹如尤为恨之入骨。不但一口一个狐狸精，还暗中示意林之江快些将她处死。李士群、周佛海的夫人也坚决站在丁夫人一边，同仇敌忾。那位很赏识胡兰成的汪精卫夫人，倒还去劝了一回降，被拒绝后也冷眼旁观。佘爱珍就更不必说了，审讯过程中没弄死她就不错了。

在太太团的一致主张下，丁默邨便也默认了处死郑苹如。

这件事闹得很大，惊动了日本特务机关头目晴气庆胤。他倒生出了几分恻隐之心，他后来回忆说："不知为什么，很想救她，哪怕是免她一死也好。但是丁默邨不答应，汪兆铭（即汪精卫）先生也下达了执行死刑的命令，也就作罢了。"

郑苹如被处死的那一天，是大年三十。

1940 年 2 月 7 日午后，林之江带着两个特务来见郑苹如，假惺惺地说："郑小姐，恭喜你了，日本皇军和汪主席决定恢复你的自由。要过年了，我们带你出去散散心好不好？"

聪明如郑苹如，自然立刻明白了。

她从容换上母亲托人送进来的红色羊毛毛衣和马皮大衣，以及时尚的高跟鞋，镇定说：我们走吧。

林之江用日本军车将郑苹如押解到上海西郊、徐家汇火车站附近的荒地里。 小特务们挖好一个大坑，把郑苹如带到土坑旁边。

林之江问：你还有什么话要说吗？

郑苹如对他微微一笑，容颜美丽，冷静自如。 她临死前的一句话流传至今："这样的好天气，这样好的地方，白日青天，红颜薄命，竟这样撒手西去！我请你不要毁了我自己一向珍惜的容颜，打得准一点，别把我弄得一塌糊涂。"

杀人如麻的林之江举起枪，竟然眼热心颤，不忍下手。

他命令身边的小特务开枪，自己则背过脸去，走开了几丈远。

枪声响处，英烈红颜，当场殒命。

值得一提的是，汪伪方面还试图用郑苹如之事来要挟她的父亲郑钺。 如果郑钺同意出任汪伪政权的司法部长，就可以释放郑苹如。

然而这个要挟，遭到郑钺夫妇的拒绝！

他们宁可失去心爱的女儿，也不愿玷污了自己的追求。

但爱女的惨死，仍然给他带来巨大的打击。 1944 年，郑苹如的大弟郑海澄在一次对日空战中牺牲。同一年,郑钺抱恨离世。

这一家人,为了坚持抗日的信念,付出了几条珍贵的生命。说他们是一门忠烈,实至名归。

<h1 style="text-align:center">七</h1>

故事讲到这里就结束,不失为一个杨家将式的悲壮传奇。然而沿着历史的脚步再往下多看一眼,却让人生出难以言说的惨淡心情。

郑苹如这惊世绝艳的一死,换来了什么呢?

她冒险接近丁默邨,营救出来的军统要员熊剑东,实际被捕后就已经投降日本人。熊剑东的被释放,其实是一出肮脏的戏码。尔后他堂而皇之地出任了"皇协军"司令,及"税警团"副团长。

她倾心信赖的直接上司和男朋友嵇希宗,被捕后也立刻变节投降,拜倒在丁默邨脚下,成为一条走狗。

中统上海区的最高领导张瑞京,更是早早就出卖了她。

当然,她一心要刺杀的丁默邨,虽然没有因此而直接丧命,但也付出了惨重代价。丁默邨和李士群的权力之争,在此之前就趋于白热化。几经过招,到郑苹如一事,李士群原本希望看到丁默邨死于刺杀,自己就可自然上位。待看到丁默邨侥幸逃脱后,就改变策略,抓住郑苹如"为情所困"的说法,通过桃色小报大肆渲染,把丁默邨塑造成一个贪色自误的形象。

至此，丁默邨形象扫地，上级对他也失去信任。 后来，丁默邨和李士群竞争汪伪"警政部长"的位置，李士群大获胜利，丁默邨被排挤出局。

1947年，抗战胜利后，丁默邨在南京被处决。 临刑前竟因恐惧而精神失常。

这便是"易先生"的真实结局。

郑苹如主动承认为情所困，是为了转移敌人的视线。

李士群大肆渲染这段"八卦新闻"，是为了打压竞争对手。

然而，不明真相的普通人却真的相信了这种说法。 为国捐躯的女英雄，成了众口嘲弄和唾弃的对象。 大小报刊皆风传郑二小姐"迷恋汉奸情人"，为了争风吃醋竟害了自己的性命。 一桩悲壮的事件，被异化成了一段香艳的谈资。

后来张爱玲写《色·戒》，可能多少受了这些传闻的影响。 再加上她从胡兰成那里听来的细节，也必然有太太团添油加醋的诋毁成分。 所以我们今天看到的故事，就成了梁朝伟和汤唯演绎的那个样子。

而以张爱玲的影响力，郑苹如的冤名就背得更加实在了。

不仅如此。 郑苹如的牺牲，在中统内部竟也被完全埋没了。

如果不是一次偶然的机会，再也没有人会知道有一个年轻美貌的女孩，曾经如此舍生取义。

1945年日本投降后，一众汉奸相继落网。

汪伪要员周佛海被关押在重庆歌乐山，等候审判。 一天，军统局总务处长沈醉去提审,周佛海试图在闲谈中探听自己的命运。 于是问沈醉:"其实隔壁的丁默邨以前也是你们的人嘛,你们何必非要置他于死地呢? 还在六年前派个美女特务去暗杀他。"沈醉一听,奇怪地说:"我怎么不知道这事儿啊?"周佛海说:"就是叫郑苹如的那个。"

沈醉这才知道还有这么一件事。 他觉得,如果此事属实,那么这个女特工算是为国牺牲,怎么能就此默默无闻地湮灭了呢? 于是下令查询郑苹如的档案。 先查军统的名册,没有此人;再查中统的名册,居然也没有此人!

最后,还是通过上海方面才有了一丝线索:郑苹如是中统的一名"运用人员",算是编外的编外,还没有进入人事花名册。

至此,郑苹如的事迹才在小范围内得以澄清。

至于她曾立下种种大功,为何在中统连一个转正的申请报告都没递上去。 这因为张瑞京、嵇希宗等人相继落网,已经无人作答。但是,自古上司都喜欢贪下属之功以为己功,恐怕嵇希宗也不会例外。

所谓男朋友,不过是一箭双雕的借口,既满足了好色本能,又促进了工作开展。 嵇希宗和郑苹如的所谓恋爱关系,不要说嵇希宗不会当回事,就连郑苹如大概也没真的当回事。

这个故事,从头到尾就无关于爱情。

然而张爱玲却用一支妙笔,生生把这个故事写成了痴情怨女的戏码。

我们最后一次收割对方，
从此仇深似海

　　张爱玲写《色·戒》，写了30年，大概是她写得时间最久的小说之一。

　　《色·戒》发表于1978年，但实际上，张爱玲从1953年就开始动笔写了。修修改改三十多年，才拿出来发表。她说："……（《色·戒》这个故事）曾经使我震动，因而甘心一遍遍改写这么多年，甚至于想起来只想到最初获得材料的惊喜与改写的历程，一点都不觉得这其间30年的时间过去了。爱就是不问值不值得。这也就是'此情可待成追忆，只是当时已惘然了'。"

　　如果是单纯写一个女间谍的故事，事不关己，何至于花费那么大工夫。与其说张爱玲是写王佳芝，不如说她是在写自己。

张爱玲说"最初获得材料的惊喜",意思是她听到郑苹如的故事时,感到很惊喜。因为她听到的版本是女特工爱上汉奸,映照她自己和胡兰成的爱情,不免从中看到自己的影子,引起了心灵上的共鸣。

在张爱玲看来,尘世间的翻云覆雨并不重要,刻骨铭心的爱情可以超越一切。她不关心种种势力之间的争斗,只在乎男女之间的胶着和占有。无论在多么肮脏的尘土里,她都能慧眼发掘出动人的痴情;无论面对何种严酷的地狱,她自始至终只看得见爱或不爱的命题。

严纪华认为:"《色·戒》中男女主角的对峙起伏回旋甚大,似乎是借尸还魂地道出了张与胡的情感试练与创伤,亦即将王佳芝的情欲释放与张本身的情欲释放联结。"

王佳芝爱上了易先生,以至于在关键时刻放他一马,并为此付出了自己和一帮爱国学生的生命。张爱玲这样写,绝不是为了污蔑郑苹如,而是为了投射自己的爱情。胡兰成背负汉奸之名亡命天涯,张爱玲深受连累却不离不弃;直到千里寻夫发现胡兰成另结新欢,仍然把辛苦得来的30万元稿费寄给他,让胡兰成得以带着佘爱珍逃到日本去。

胡兰成的负心,一定深深伤害过张爱玲,让她在余生里都不愿再提起他。但如果问张爱玲是否后悔,那么看过《色·戒》后,我们就已经清楚地知道了答案。

王佳芝宁可自己死,也要放走易先生。

　　无论她的真实身份是什么，当遭遇爱情时，她便只是一个女人。

　　这就是张爱玲对爱情的理解：爱就爱了，不问值不值得。

　　她把这篇投射了自己灵魂的小说，命名为《色·戒》。表面上是警告男人要戒色，实质上是提醒女人戒情。然而她真正的意思，却是——执迷不悔。

　　总之，王佳芝的故事，和郑苹如无关。

　　郑苹如的人生是另一番天地、另一种精彩。作为富贵出身的千金小姐，自己又是美貌与智慧并存，倘若走传统的名媛之路，她必定是一朵奇葩，未必会输给当年社交界的"南唐北陆"——上海的唐瑛和北京的陆小曼。

　　她什么都有了，什么都不缺，却义无反顾地献出了宝贵的生命。

　　她是民国名媛里的异数。

　　她的背影妖娆而又悲壮。

遇见你，在我最美丽的时刻

铁血年代，男人为天下而战；而无论何时，女人都在为幸福而战。虽然，她们守望幸福的姿态各不相同。一个美丽女子看上了已婚男人蒋介石，她动用一切资源强力施压，让他立刻把妻子清扫出门；另一个美丽女子爱上了已婚男人张学良，她默默追随在他身边，直到年过半百才得到名分……

宋美龄\一桩丝丝入扣的联姻

一

讲述宋美龄的故事，并不像其他名媛那样容易。

她活了106岁，一生缄口不肯作传。因此，关于她的传奇虽然浩如烟海，却唯独缺少了当事人的印证和剖白。这一点真是遗憾。要知道，连老蒋都还有一本日记传世，供后人反复咂摸挖掘呢。

名媛已身处金字塔，而宋美龄更站在了金字塔的塔尖。

30岁以前，她是上海最负盛名的待嫁名媛。

30岁以后，她是精彩绝伦的"第一夫人"。

不世人間富貴花

她出身宋氏王朝，容貌、智慧、才能，无不是一流。

她一生粉丝无数，不是几个文人骚客的级别，而是当时世界**政坛**的豪华阵容：外有罗斯福、艾森豪威尔，内有蒋介石、张学良……

关于宋美龄有很多有意思的话题：比如，在民国早嫁成常态的环境下，她怎么有底气混成一个资深剩女？ 比如，嫁人前十多年的青春年华里，若说魅力无穷的她从没谈过恋爱，你信吗？ 如果谈过，谁又是她的初恋情人？ 又比如，她和蒋介石到底是纯粹的政治联姻，还是一出相亲女的真感情养成记？

总之，这位光彩辉耀历史星空的蒋夫人，很值得我们说上一番。

二

在谈论宋美龄之前，得先说一说她身后的宋氏王朝。 宋美龄固然是让宋氏王朝大放异彩的功臣，但没有宋氏王朝也就没有宋美龄。

宋氏王朝的核心成员：宋父宋耀如、宋母倪桂珍，以及他们的六个了不得的儿女。

为宋氏王朝奠下第一块基石的，当然是宋耀如。

从无到有，白手起家。 他的经历是最为传奇的。

原本，宋耀如并不姓宋，他生于海南一个韩姓人家，家境十分贫苦。 因为当时时局混乱，讨生活不易，他就和哥哥跑到爪哇去当学徒。

他在爪哇遇到了一个远方堂舅。这个堂舅原先是在美国修铁路的华工,后来攒了点钱,就在波士顿开了个卖丝茶的小店面。堂舅自己没有孩子,见他很机灵,就把他过继来当了养子,改名宋耀如。

于是,宋耀如就去波士顿帮堂舅看铺子。

当时波士顿来了一批清政府的留学生,常来铺子里买东西。一来二去,宋耀如就和他们熟识了。尤其和其中一个叫牛尚周的小留学生要好。

牛尚周便常常劝宋耀如:你得想办法读书,受教育,将来回国才有出息。

宋耀如也慢慢从蒙昧的小童,变成了有主见的少年。他听进了牛尚周的话,向堂舅提出要上学。可堂舅却不乐意:他是要培养这个儿子来继承生意的,干嘛要花钱给他读书?

年少气盛的宋耀如不甘心当一辈子小伙计,便离家出走了。

他既没有目的,也没有计划。只是凭着一股冲动跑出去,到一艘美国缉私船上躲着——当时他才十多岁吧,性格里的上进心和冒险精神已经显露出来了。不过他的运气很好,这艘船的船长心眼不错,觉得这个小孩有志气,就收留他在船上做杂役。

后来,老外船长又把他托付给一个叫李考德的牧师。李考德牧师有心把他培养成一个到中国传教的牧师,就让他入了基督教,并送他去大学读了三年神学。于是,宋耀如好歹是得到了受教育的珍贵机会。

　　毕业后，校长就快速把宋耀如打发回上海，让他去传教。

　　当年浪迹四方讨生活的韩姓小子，留洋镀金回到中国最大的城市，成了美国见习牧师宋耀如。　虽算不上前途无量，也是踌躇满志了。

　　宋耀如到了上海，便先跑去找一个熟人：以前在波士顿认识的小留学生牛尚周。　牛尚周见他学业有成，也很高兴，就说"你现在好歹也是一海归了，我把小姨子介绍给你当女朋友吧"——宋耀如红星高照，就这样娶到了当地名媛倪桂珍。

　　倪桂珍的加入，让宋耀如的人生上了一个台阶。　倪桂珍是大名鼎鼎的明朝文人徐光启的后代，家里人脉很广，后来对宋家帮助很大。　也只有这样品貌一流的母亲，才能养育出后来的宋氏三姐妹。当然最现实的帮助是，倪桂珍带来了一笔丰厚的嫁妆，脑筋灵活的宋耀如，就用这第一桶金做起了生意。

　　这时宋耀如的牧师已经转正了，后来又升任传教士。　他从代理《圣经》生意做起，一举杀入印刷业，后来又倒卖进口机器、买了面粉厂……钞票越挣越多，身家越来越丰厚，宋家开始步入上层社会。宋耀如向教会辞职，专心下海。

　　这时，宋耀如碰到了一个真正的贵人：孙中山。

　　不过那会儿的孙中山，经常都是愁眉苦脸的：搞革命事业缺钱啊！宋耀如拍拍胸脯：我掏钱支持你！

　　经过早年出洋和下海经商的历练，宋耀如的眼光和智慧早已非同凡响。　他预见清王朝必将被新世界取代，他衷心信服孙中山描绘的蓝图。　他现在花出去大笔钱，投资的将是一个光明的前途。

他的判断,很快就被证实了。

1911 年,辛亥革命成功。 次年,孙中山就任中华民国第一任临时大总统。

就职典礼上,宋家人被请到前排贵宾席就坐,地位不言而喻。

为宋家王朝奠下第二块基石的,毫无疑问是宋庆龄。

美国人评论说: "宋庆龄无疑是宋家最重要的人物,因宋家的一切势力皆是经她发展扩大,如她未和革命之父结婚,其余的姊妹和弟弟就不会有今天。"事实也确实如此。 宋家在上海远不算大亨,后来能一跃成为显赫的名门,转折点就在于宋庆龄嫁给国父而成了国母。

宋耀如生了六个儿女，个个都光彩夺目。这和他推崇美国教育，不无关系。宋耀如在上海打拼的十七年间，宋家王朝的其他六个小成员陆续前来报到。他吸取自己成功的经验，把六个孩子一股脑地送去美国留学。宋美龄和二姐宋庆龄一起去美国时，只有11岁。还是小学生的年纪，难怪后来西化得那么彻底。

此时，大姐宋霭龄已在父亲的推荐下，去给孙中山当英文秘书了。她给孙中山当了四年秘书，非常胜任。因此1914年她因结婚辞职，推荐妹妹宋庆龄接替自己的时候，孙中山一口就答应了。这样，才有了宋庆龄和孙中山的情缘。

宋霭龄也是宋氏王朝的骨干。大家都说孔宋家族，指的就是她和孔祥熙的联姻。说起来，宋庆龄和孙中山、宋美龄和蒋介石，她都算得上是"媒人"。正是这些重量级人物因缘际会的强强联手，才造就了宋氏王朝的辉煌。

看这个家族的兴盛史，会有一个企业兴起的类似感觉。

宋耀如固然是白手起家，是赚到第一桶金的创始人。而令人惊叹的是，后面加入的每一个成员，都带来了极大的效益，保证了这个企业的高效壮大。比如倪桂珍带来的名门背景和资金，让宋氏企业从此上了台面。宋庆龄的一嫁是关键，让宋氏企业从此进入核心品牌的序列。在此前提下，蒋介石势力也来谋求合作，和宋美龄一起把这个品牌做大做强。而宋霭龄、宋子文等等，都是实力强劲的分公司。说到底，宋氏家族的辉煌，是因着家族联姻缔结的同盟。

三

这都是事后了，我们回过头去看，最初的宋美龄，并没有这些意识。

1908 年，宋美龄与二姐宋庆龄一起去美国留学。 宋庆龄负责照顾 11 岁的妹妹，可她自己也只有 15 岁——宋耀如的教子经告诉我们，想培养出有出息的孩子，就要舍得放开手。

宋美龄的美国生活倒是过得很愉快。

她年纪太小，根本不可能读大学，几年间陆续换了好几个学校。直到 15 岁时，才正式进入卫斯理安学院学习。 后来宋庆龄学成回国，没了伴儿的她就转到韦思礼学院。 因为当时宋子文在读哈佛，可以就近照顾她。

宋美龄就读的是一所贵族学校，因此深受美国中产阶级文化的影响。 她的思维、举止、言谈，已经完全像个美国姑娘。 连要好的美国同学都糊涂了，问她：你真的是中国人吗？ 或许在美国人眼里，她更像是一个生于美国的华裔吧。

在宋家姐弟里，宋美龄的西化是最彻底的。 她后来有一句名言："The only thing Oriental about me is my face(我只有这张面孔是东方人的)。"

到 1917 年毕业回国，宋美龄刚刚 20 岁，在美国已呆了将近 10 年。

彼时的宋美龄，正是如花妙龄，风华绝代。

民国名媛中，很有些不太上相的美女，宋美龄就是其中一个。她的照片看来并不怎么样，但本人魅力超群却是毫无疑问的。她在40多岁时，还能倾倒那么多美国政要。可想而知，在她青春鼎盛时的风华了。

我们知道，宋美龄嫁给蒋介石的时候，已经30岁。此前，她度过了十多年的单身生活。若说这样一个热衷社交的大美女，竟然没有谈过恋爱，恐怕是谁都不可能相信的。实际上，在留学期间及返国后，她都有众多追求者。而宋美龄也和他们中一个或几个，有过不为世人所知的秘密恋情。

这个说法，有宋美龄亲笔写的一本畅销小说为证。这本名为《往事如烟》的爱情小说，曾在六十多年前风靡美国。长度只有三万余字，里面也并没有披露骇人听闻的奇情。只不过，以细腻平实的写法，追述了一段远逝的浪漫恋情。

宋美龄当时是匿名投稿到美国，连稿费都没敢去拿。但后来却隐约承认，《往事如烟》是她的大作无疑。

那么，让宋美龄一直怀念的男子是谁呢？

坊间一直认为，这个男子就是曾任南京市市长的刘纪文。

当年，宋美龄还是17岁的多情少女，而刘纪文是哥哥宋子文的好朋友，在早稻田大学留学。一年暑假，刘纪文去美国找宋子文玩，恰与宋美龄邂逅。

俊秀男子，美貌少女。一见倾心，开始谈一场青涩恋爱。

　　离别时,宋美龄含情脉脉,送了副金手镯给他,当定情信物。 不过可以想象,一个在日本,一个在美国,隔着一个浩瀚的太平洋呢。 又没有手机没有视频,只有半个月一封的信。 这段两地恋,慢慢也就淡了。

　　后来宋美龄嫁了蒋介石,据说还不忘旧情,让老公多多提携刘纪文。 这才有了刘纪文就任南京市市长的机会。 不过有关刘纪文的绯闻,都是未经证实的小道消息。

　　对宋美龄很感兴趣的美国人,也发挥八卦精神,整理了很多宋美龄早年与美国闺蜜的通信记录。 根据这些美国资料,宋美龄婚前至少谈了五次恋爱！

第一段恋情，是一个很优秀的哈佛学生，代号 H. K.。应该是宋子文的同学，一个阳光的美国帅哥。据说少女宋美龄怦然心动，没想到以哥哥为代表的全家人，都反对她和外国人恋爱。只好作罢。

第二段恋情，是一位麻省理工学院的讲师。这位老师狂热地追求宋美龄。可是很郁闷，依然在哥哥家长式的目光下，无疾而终。

第三段恋情，是 1917 年在归国轮船上，宋美龄抓住异国恋的尾巴，又和同船的荷兰青年建筑师 Van Eiveigh 一见钟情。结局依然幻灭，理由同上。

第四段恋情，1918 年宋耀如病逝，期间，宋美龄爱上了一位医生。好不容易是个中国人了，可惜又是有妇之夫，只好放弃。

第五段恋情，宋美龄经过香港时，邂逅了一位美国摄影师 Birnie，陷入炽热的恋爱之中。到了什么程度呢？宋美龄在信里的原话是："一辈子不顾一切的一次。"可见爱得疯狂。可家里的态度依然坚决：老外不准入门！于是分手……

这些恋情是从故纸堆里挖掘出来的。而那些没有记录在信件里的爱情火花，宋美龄一生中不知际遇了多少。只是她不说，世人便不知道。

其实以宋美龄完全美国化的内心，屡屡爱上外国人很正常。可惜貌似美国化的宋家，骨子里还是很传统的。所以，宋美龄只有等待，睁大眼睛慢慢挑选一个既让自己喜欢、也让家里满意的优质女婿。

回国第二年，父亲去世。宋美龄在母亲的支持下，斗志昂扬地出去工作了。 她的第一份职业,是英语老师。 上班的单位,是上海基督教女青年会。 听课的学生,都是上流社会的名媛贵妇。

宋美龄最值得骄傲的才能之一,就是口才好。 讲讲课是小意思。 不久,有了一个机会:她的一个学生,一位高官夫人,推荐她到全国电影审查委员会去供职。 负责审查进口电影,及担任英语翻译。 这份工作,宋美龄干得很出色。

这时,宋美龄已经引起了广泛关注。 因为她是孙中山的小姨妹,也因为她优秀的斡旋能力和英语水平。 于是,上海市参议会伸出橄榄枝,邀请她加入。

大姐宋霭龄是宋家最早有打造家族品牌意识的人,一个个优秀的弟妹,在她眼里都是值得好好包装推广的产品。 在宋霭龄的鼓励下,宋美龄迟迟疑疑地进入了参议会,参与童工方面的事务。

但 1920 年,宋美龄忽然辞职,独自去了广州。

是为了某段神秘的恋情,或别的私事? 她的动机现在已不可考。 不过,她随后就在广州第一次遇到了蒋介石。

四

宋美龄和蒋介石从初次谋面到最终牵手,也有五六年的时间。期间,他们都在忙着做什么呢? 难道是真的经历了一个爱情长跑?

1922 年,蒋介石住在广州孙中山家里。 这时陈炯明在广州搞叛乱,他率军平定。 在一次宴会上,他第一次见到了宋美龄。 这一

年,宋美龄25岁,应是容光最艳、风华正好的年纪。 她在宾客间如
蝴蝶般穿梭,无可挑剔的仪容举止挥洒出交际花的无限魅力。 蒋介
石肯定注意到她了,他们或许也攀谈了几句。 但是,宋美龄的态度
非常冷淡。

这时蒋介石35岁,虽然相貌英俊,但在军内地位还不是很高。
宋美龄一向亲近英美派海归,没看上这个兵大哥很正常。 最关键的
是,此时的蒋还不具备被宋美龄青睐的实力。

于是,这次遇见无果而终。

有传记里写,蒋介石对宋美龄一见钟情,立刻拜托孙中山提亲。
却因为宋庆龄嫌他花心,坚决不同意。 于是蒋介石狂追五年,终于
抱得美人归。

实情是不是这样呢? 我们知道,蒋介石有写日记的习惯,"蒋
中正日记"至今保存在美国。 其间记录的心路历程,最能说明问
题。 而这期间的日记中,没有关于宋美龄的任何一个字,倒是满当
当地写下了对另一个女人的思恋和牵挂。 所以真相是:当时眼高
过顶的宋美龄,固然没看上寂寂无名的老蒋;而蒋介石刚刚新婚,也
没心思去追冷冰冰的宋大美人。

当时蒋介石爱着的女人,叫陈洁如。

30多岁的蒋介石曾许下三个愿望,第一就是娶陈洁如为妻。

1919年,蒋介石在张静江家里,碰到了只有13岁的陈洁如。 梳
着齐眉刘海的小女孩,纯洁、稚嫩而高挑。 蒋介石立刻爱上了她。
从此,怪叔叔就开始骚扰无辜的小萝莉了——老蒋把她堵在门口要

地址,陈洁如瞎说一个跑掉了;但狡猾的老蒋依然找上了门,并且使用跟踪堵截、电话骚扰等招数,进行狂轰乱炸;陈洁如无奈答应约会,结果老蒋直接带她去宾馆开房,又把小姑娘吓跑了;最后,老蒋拿着一把刀表明心迹,大吼你不答应我就自残——可怜的小姑娘刚死了爹,家里没了主心骨。 娘俩被他激情四溅的招数搅昏了头,加上老蒋又保证"你将是我独一无二的合法妻子",于是陈洁如就在1921年底嫁给了蒋介石。

其实,这时蒋介石在老家还有个原配毛福梅,带着长子蒋经国;还有个青楼赎身的侧室姚冶诚,带着次子蒋纬国。 可是,他还是以明媒正娶的形式,和陈洁如结婚了。 那个年头,重婚可真是容易啊!

但蒋介石对陈洁如的喜爱,倒是真的。

一树梨花压海棠。 他们共同生活了七年,蒋介石对陈洁如一直宠爱有加。 陈洁如年纪小,很听话,心底纯洁。 她乖乖地照顾他的起居饮食,帮她处理公文信件,对蒋经国也很照顾。 她说服蒋介石让蒋经国去俄国留学,并且还自己筹钱给他寄去。 完全是一副贤惠的小妻子模样。

在恋爱结婚前后,蒋的日记里随处可见陈洁如的身影,比如"与洁如观剧"、"洁如来陪"、"洁如送我上船"、"晚,偕潞妹回寓"等。 北伐的时候,蒋介石很想念陈洁如,不断地写信寄照片,可见感情很甜蜜。

1925年,蒋介石担任黄埔军校校长,陈洁如随后也赶来团聚。蒋介石亲自到码头迎接,对外公开介绍是校长夫人。 那时的陈洁如，是风光而幸福的。 即便两个人闹点别扭，蒋介石也是牵肠挂肚："恨之又爱之也，怜之又痛之也。"陈洁如赌气跑掉，蒋介石立刻眼巴巴地要她回来。

如果，没有后来宋美龄的介入，也许可以一直这样简单幸福下去。

可蒋介石是野心勃勃的，他的位置越坐越高。

平定陈炯明的叛乱后，蒋介石已经一跃成为实权人物。 1925 年3 月，孙中山病逝。 此时的蒋介石，已经掌握了国民党党政军大权，无人能与之抗衡了。 他宛如一颗最耀眼的政治明星，逐步成为国民党的新领袖。

此时的蒋介石，亦非昔日吴下阿蒙。

此时的宋美龄，依然挑挑拣拣云英未嫁。

她和目光如炬的姐姐霭龄一起，回过头来发现了蒋介石。 这时蒋介石的分量，已经值得她们出手了。

宋美龄和赵四小姐面临的境况何其相似，都是看中了一个已婚男。 不过她们的性格和阅历，决定了她们的姿态和思路都完全不同！

宋美龄还比赵四小姐有三个优势：第一，有人帮忙，姐姐宋霭龄不但是个能量很大的军师，还可以帮她出面去撮合、谈条件。 第二，对手很弱，目前蒋介石的原配毛福梅名存实亡，蒋介石不耐烦她很多年了。 两个侧室里只有陈洁如感情好一点，可也只是个天真未凿的小女孩。 第三，她很坚决，没有赵四小姐那种为爱牺牲的意愿，而会尽全力去谋求完整的婚姻。

生活随时都在证明一个真理：男人都是经不起诱惑的。宋大美人稍稍送来几个眼风和笑靥，老蒋就心猿意马了。

1926年夏，宋霭龄在家里设了一道鸽子宴，宴请蒋介石夫妇。这是宋氏姐妹"调研敌情"的一次举动吧。席间，她们不断向陈洁如打听蒋介石脾气是不是很暴躁、和前妻们的关系好不好之类的话题。

陈洁如说，当时她只是觉得对方隐隐有敌意。但后来颇喜欢她的何香凝却提醒她说："你最好远离宋霭龄，同时别让蒋介石落入她们的圈套。我说这些是因为我喜欢你，不希望你遭遇悲惨的命运。你不要忘了她还有一个未出嫁的妹妹，这就是危险所在。"

但局面不是单纯无助的陈洁如能控制的，蒋介石已经情不自禁地对宋美龄产生了爱慕。蒋介石第一次在日记里表露情意："美龄将回沪，心甚依依。"

过了几个月，北伐军攻克武昌，宋美龄第一时间给蒋介石发去贺电，称他是英雄。蒋介石既意外又得意，还跟陈洁如写信炫耀了这回事。

1927年4月，蒋介石建立南京国民政府。宋美龄再次托姐夫孔祥熙给蒋介石带信，语气更加亲昵了：这几个月和你分离，不能听你教诲，真是遗憾啊。

获得宋大美人垂青，蒋介石的爱火很快沸腾起来。

他要么在日记里感叹：真想念美龄啊。要么给她打电话，或者给她写信寄照片——如果说蒋介石热烈追求宋美龄，那也是从这个时候开始的。

1927年5月，蒋介石到上海公干，一跳下车就急不可耐地跑去见宋美龄。这一次会面后，蒋介石更加神魂颠倒，"终日想念美妹不已"。

随后，蒋介石托宋霭龄牵线，邀请宋美龄到焦山和金山一带游玩。据在场的人回忆，当时蒋介石相当殷勤，宋美龄一下车就抢着帮她提坤包。

接下来的两三个月，蒋介石频繁到上海和宋美龄幽会。在百忙之中，和宋大美人聊到半夜。他们一起去乡村风味餐馆吃饭，晚上开车出去兜风……

频频约会之中，感情逐渐成熟。

距离谈婚论嫁，只有一层窗户纸了。

据说，这层窗户纸，是宋霭龄出面挑破的。

据说，蒋宋联姻是一次政治交易。

我很想翻盘说：胡说！他们纯粹是出于彼此相爱才结合的。可仔细研读那段历史，实在难以排除"联姻"的可能性。

首先，蒋介石是在1927年8月写信向宋美龄求婚的。文章倒是写得很情真意切："惟念生平倾慕之人，厥惟女士……独对女士才华容德，恋恋终不能忘，但不知此举世所弃之下野武人，女士视之，谓如何耳？"

但蒋介石当时处于什么局面呢？他和汪精卫、李宗仁斗法失利,处于孤立无援的境地,刚刚被迫下野。 一下野马上就求婚,实在让人难以相信他没有谋求孔宋家族支持的图谋。

其次,蒋介石为了和宋美龄结婚,立刻快刀斩乱麻地把一妻两妾通通解决干净了。 这种让步,让人看到的不是一个男人对爱情的忠贞,而是对未来妻子背后强大势力的敬畏。

原配毛福梅,早就失去了蒋介石的欢心,但由于族人的支持一直住在家里。 1927 年 8 月,蒋介石和她办理离婚手续。

侧室姚冶诚,感情一直不算很好,也于这时被打发,拿了一笔钱离开。

最痛苦的是陈洁如,这时才二十一二岁。 虽然由于宋美龄的介入,蒋介石有些变心,但对陈洁如的爱还在。 蒋介石保证:你只离开五年,五年之后我就接你回来。 接着,把陈洁如送到美国读书去了。

蒋介石如此干脆利落,是因为和宋家的联姻,对他来说很迫切吧?

1927 年 8 月,这是个关键的时间。

当时暗潮汹涌的政治风云,或许是一切问题的根本答案。

据陈洁如说,宋霭龄曾出面和蒋介石密谈过一次。 宋霭龄许诺,用孔宋家族的影响去分化武汉政府,并由宋子文联合上海银行家资助他军费。 条件是:与宋美龄结婚,任孔祥熙为行政院长,宋子文为财政部长。

关于蒋介石当时的动机,《大公报》创始人胡霖有一个经典分析：“蒋介石再婚是一个深谋远虑的政治行动。他希望做他们的妹夫，以便争取孙中山夫人……和宋子文。当时蒋介石也开始感到有必要得到西方的支持。以美龄做他的夫人，他便有了同西方人打交道的'嘴巴和耳朵'。另外，他很看重子文这个金融专家。不过，说蒋介石不爱美龄那是不公正的。蒋介石显然认为自己是英雄。在中国历史上，英雄难过美人关。出于政治考虑，蒋介石无所不为。对蒋介石来说，在这种情况下娶一位新夫人似乎是理所当然之举。”

总而言之，蒋介石既被宋美龄深深吸引，也清楚地看到了她陪嫁而来的种种好处。他既得到了一个美貌称职的夫人，又能得到政治上的帮助。这样一桩划算的买卖，他不肯做才奇怪！而对孔宋家族来说，能得到最有力的枪杆子为后盾，再好不过了。对宋美龄个人而言，第一夫人的前途就在前方，很符合她的志向！

唯一被牺牲的，只有一个莫名神伤的陈洁如。

这一桩突如其来的联姻，遭到很多非议。

于是，蒋介石登报启事，摆明王老五身份："原配毛氏，早已仳离。姚陈二妾，本无婚约。"反正陈洁如已到大洋彼岸，不能跳出来抗议。

于是，宋美龄聪明地粉饰出一个"一见钟情"的场景。她说：1922年第一次见到蒋介石，就被对方迷倒了。他远比二姐夫（孙中山）英俊。他们当即交换电话，开始鸿雁传书，感情与日俱增。

可惜，这和蒋介石描绘的"一见钟情"矛盾了。蒋介石说：

"五年前,余在广州,寓于孙总理处,以是获见宋女士。 以为欲求伴侣,当在是人矣。 其时宋女士尚漠然。"——其时宋女士尚漠然啊,唉!

不管传言如何纷纷扰扰。 1927 年 12 月 1 日,蒋介石和宋美龄在上海大华饭店举行盛大婚礼,宾客一千多人到贺。

其时,美龄 30,老蒋 40。

五

蒋介石送走陈洁如时许诺:五年后接你回来。 说明他那时心里预期,这桩政治婚姻的寿命不过几年。 可是没想到,婚后他和宋美龄的感情,倒是越来越好。 从一开始的彼此利用,变成后来的互相依恋。

据斯诺记录,宋庆龄一开始的评价是: "这个婚姻的双方都是处于投机,其中绝无爱情可言。"然而到 1940 年时,宋庆龄的看法变了: "但是,现在我认为是了。 美龄真心爱蒋介石,蒋介石也同样爱她,没有美龄,他也许会坏得多。"

过日子,还过出真感情了。

中国有句话叫:先结婚后恋爱。 他们似乎也是如此。

无论蒋介石有过多少政治考虑,但感情上应该一直是被宋美龄吸引的。

宋美龄善于保养,善于打扮。 时时刻刻都保持着大美人的形象。

宋美龄善于放电,善于撒娇。 从那句著名的"达令",已可想见她的慵懒娇媚。

宋美龄善于社交,善于斡旋。 她处事能力很强,才干是得到公认的。

对老蒋这个兵哥来说,宋美龄这样生活西化的娇滴滴的美人,会带来多少新鲜感啊。 何况宋美龄又很有温柔的手腕,想想,精明的上海姑娘真想对你好时,那种细心体贴的劲头也是很窝心的。

宋美龄彻底收服蒋介石,靠的绝不是美貌和撒娇,而是真正对他好。

她大概蓦然明白:除了替家族经营,也要为自己谋划。

婚姻,是自己的婚姻。

蒋介石生病,喜欢妻子温柔照顾。 以前的侧室姚冶诚粗心暴躁,没有照顾好,蒋介石在日记里抱怨她不贤良。 而娇生惯养的宋美龄,却懂得放下身段,无微不至地精心照料他。 蒋介石于是在日记里大大表扬她:"妻侍病护疾,忧劳异甚,其诚切实过于割肉疗疾也。"

后来,宋美龄操劳过度也病倒了,弄得老蒋十分愧疚:"妻为我受热忍苦致病,可感也。"

1930 年,中原大战爆发时,蒋介石穷得发不起军饷,紧急召唤大舅子宋子文要钱。 当时,宋子文已经当了财政部长,但他事不关己地两手一摊:我没钱!

这时宋美龄已经一心帮老公了,跑去找哥哥跳脚:"你不给他筹钱,他一定失败;如果失败,他一定会自杀;如果他自杀,我也决不活着!"接着,宋美龄把自己名下的房产和珠宝交给宋子文作抵押,给哥哥施压说:如果蒋介石因为没钱买子弹而悲惨遇难,她就跟着一头撞死。

以前宋家人的眼里,他们不过是政治婚姻,现在宋美龄的行为却传递出讯号:请你们把老蒋真正当自家女婿对待!宋子文这才真正出力,为蒋介石筹措军费。

宋美龄是个能量很大的女人,有一身的才干,当然不甘心婚后被湮灭。她在政治舞台上最光彩夺目的时刻,应该是抗日期间去美国拉赞助的时候吧。

1943年,身为"第一夫人"的宋美龄奔赴美利坚,身穿金丝旗袍,用流利的英语演讲,为蒋介石争取来了大量抗日的资金和装备。

她的风采,震撼了整个美国。

当时美媒评论:"议员们全被夫人的风采、妩媚和才华吸引了,惊愕了,缭乱了。议员们全体起立,热烈鼓掌达四分钟之久以后,蒋夫人开始演讲,她的主题是:战胜日本比战胜德国更重要,美国应当让她的人民去中国战斗,而不应该在太平洋花费那么多的力量。当她说到,经过五年半的抗战,中国人民相信,'与其忍辱接受失败,不如光荣地冒失败之险,去争取胜利'时,欢呼的掌声达到了高潮。"

有人评论:"宋美龄兼具中国古典气质和西方优雅风度,而又带有犀利、精明的作风,使西方人如醉如痴、又爱又恨。"

有人罗列了她的粉丝团:罗斯福、威尔基、史迪威、陈纳德、

马歇尔、麦克阿瑟……包括当时美国很多军政首长和媒体大亨。 甚至丘吉尔都赞叹她:不是弱者! 她的骄矜和妩媚,都让人极为心动。

美国人喜欢宋美龄,因为她是受美国教育长大的。 她越是成功,美国人就越是自豪:瞧,她是我们培养出来的。 因为宋美龄的影响,蒋介石的政权也渐渐走向亲美路线。 而他在美国人眼里,也从一个军阀头子,变成了值得栽培的对象。

宋美龄,确实在政治上对蒋介石助益良多。

或者说,她也通过蒋介石影响了中国。

一开始,宋美龄背后的家族令蒋介石敬重。 而后来,宋美龄自身的能量令他敬重。 但无论如何,她对他,全力以赴,休戚与共。他对她,除了借助,还有真的感情。 就如宋庆龄所说:开始不爱,但到后来是真的爱了。

如同,宋美龄在美国演讲时,蒋介石也为之揪心:"余妻昨日在纽约市政6厅演讲,几至晕厥,其身心之疲乏与精神之愤懑可想而知。此余之审事不周,任其单身前往苦斗之过也。"

蒋介石对宋美龄的爱,倒不是伪装。

他对宋美龄是很依恋的。他在日记里写道:"自我有智识以来,凡欲出门之时,必恋恋不肯舍弃我母。到十六岁时,必待我母严责痛击而后出门,及至二十余岁犹如此也……近三年来凡欲出门时,此心沉闷惨淡,必不愿与妻乐别者,岂少年恋母之性犹未脱耶,余诚不知所以然也。"

老蒋说:我小时候特别恋母,每次出门非得我妈急得狠狠打我了,我才一步三回头地离开。自从结婚后,这种情况竟然又出现了!不过这次对象是我老婆美龄。每次出门,我都郁闷得要死,真是奇怪啊!

看来,老蒋确实很恋妻。

蒋介石还说:"夫妻相爱之切诚能消愁去忧,在苦痛患难中,惟此足以自慰耳。"宋美龄不但能给他带来快乐,还能为他解除烦忧。

另外,蒋介石以前是很好色的,他对自己的评价都是"荒淫无度"。他不但妻妾满堂,还喜欢逛窑子。一见到美女,就控制不住自己。"见色心淫,狂态复萌,不能压制矣。"他倒也知道这恶习不好,就是改不了。

可是,自从和宋美龄结婚后,他基本就没有风流传闻了!

　　对婚姻来说，这可是个了不起的转变！这说明宋美龄的女性美能吸引住他，气场能威慑住他，手腕能笼络住他。 一句话，宋美龄能制得住他！

　　女人能管住男人，婚姻就幸福了一大半。

　　而一个男人真爱一个女人，就会为她着想。

　　蒋介石也一样。

　　宋美龄虽然得到了他的钟爱，但是一生都没有孩子。 据说，结婚后不久怀过一**次**，但是碰到刺客刺杀老蒋，就受惊流产了。 从此就再也没有过孩子。

蒋介石担心,宋美龄没有孩子,以后在蒋家地位不牢固,就特地立了遗嘱:"余死后,经国与纬国两儿皆须听从其母美龄之教训,凡认余为父者只能认余爱妻美龄为母,不能有第二人为母也。"就是说,命令自己的两个儿子,只能尊宋美龄一个人为母。蒋家只有一个蒋夫人,那就是宋美龄。同样的内容,在他的两份遗嘱中两度出现。由此看来,蒋介石确实也是真心对待宋美龄。

一桩政治婚姻开的头,最后倒成了琴瑟和谐的恩爱夫妻了。

宋美龄确实有能力也有魅力,只要她想经营好这段婚姻,就一定能做到。

六

虽然蒋介石婚后洗心革面,但一般人结婚还有七年之痒呢。蒋宋几十年的漫长婚姻里,也遇到了两次重大危机,闹得还挺大。

第一次危机是关于一个"陈年老三"。导火索是1940年蒋介石突然把蒋纬国领回了家。大家都知道,蒋纬国是由蒋介石的侧室姚冶诚抚养大的,可他的亲妈是谁,一直是个不解之谜。

传说,蒋介石在日本留学时,结识了在日本避难的孙中山。当时清政府要追杀孙中山,而日本政府则对着干,派黑龙社保护孙中山。因此,蒋介石常常在黑龙社的地盘和孙中山见面。当时,那里有一个18岁的日本女佣,非常美貌。蒋介石和戴季陶都喜欢她,便同时和她交往。后来，日本女子生了两个男孩，父亲不明。于是蒋介石和戴季陶一人抱了一个回家。蒋介石抱的，取名蒋纬国；戴季陶抱的，则取名戴安国。

该传说还有几个版本，关键人物都涉及戴季陶和一个日本女人，而分歧就在于蒋纬国到底是姓蒋还是姓戴。

但蒋介石倒是很疼爱蒋纬国，甚至超过长子蒋经国。蒋经国很冤枉，明明是长子，却因为蒋介石不喜欢毛福梅，便连他也一起不喜欢。蒋介石觉得蒋纬国顽皮活泼，很像自己，所以特别喜爱他。后来蒋介石的规划，也一直是把两个儿子当左膀右臂来培养的。

宋美龄结婚十多年，第一次见到这个传说中的儿子。于是当然要问老蒋"纬国亲妈到底是谁"这样的问题。关键是，老蒋不知出于什么考虑，坚决不肯吐露半个字。宋美龄作为一个女人，也落了俗套开始吃陈年飞醋，怀疑老蒋"私德有亏"，甚至仍然爱着那个神秘女人，才这样守口如瓶地保护她……宋美龄郁闷了，赌气留在香港不肯回重庆，和老蒋打起了冷战。

老蒋一直是重视家庭和睦的，也非常郁闷，只好在日记里发牢骚："三年来圣诞前夜，以今日最烦闷。家事不能团圆，是乃人生唯一痛苦。"

这桩公案，后来经过考证，蒋纬国为戴季陶之子，是比较可靠的说法。这个秘密蒋介石守口如瓶，但蒋纬国自己是知道的。他在谈及戴安国时说："我与安国，情同手足，血浓于水。"后来他也亲口表示：我并不具有"第一家族"的血统。第一家族，当然是指蒋氏。

倘若蒋纬国确实是养子,那么老蒋当初为什么不跟夫人解释清楚呢? 或许,是为了信守承诺维护戴季陶的家庭安定;更大的可能,是保护蒋纬国。 他不愿蒋纬国因为血统问题,使前途受到影响。

对于重视的家人,老蒋也会尽心竭力地保护周全。

这次危机其实不是危机,遭遇的不过是"虚拟小三"。 但接下来的 1944 年,宋美龄就遭遇了活色生香的小三。

此时,宋美龄已经步入中年,近 20 年的婚姻也已步入审美疲劳期。 普通人常常被闪到腰的中年危机,宋美龄也遇到了。 她临近更年期,心情烦闷,干脆长时间住在大姐家里。 有一天,宋霭龄意味深长地提醒她:最好还是回自己家去,关心一下蒋介石的生活。

人精似的宋美龄立刻懂起了,回去一查,不禁气得手脚冰凉。

事情是这样的。 蒋介石有天去陈立夫家串门,陈立夫的侄女陈颖给他端茶。 老蒋一看,眼珠子差点掉出来:这陈颖是个正值青春的美人儿,皮肤又白又嫩,身材丰满凹凸有致。 陈立夫多精明啊,立刻推销:我侄女刚从美国留学回来,要不给您老当秘书? 老蒋便呵呵笑纳了,从此金屋藏娇。

宋美龄哪里受过这等委屈,第一反应跟普通女人也差不多:气得大喊要捉奸,气得要和老蒋离婚。 传说,宋美龄气得和老蒋动了手,在屋里乱砸一气,把一个花瓶扔出去砸中了老蒋的头,还把一双高跟鞋扔出了窗外。

一时流言纷纷,大家都在谈论"第一家庭"的绯闻。 驻华的美

国外交官也把这些花边新闻通报给国内的小报。那架势，估计跟当
年克林顿和莱妹有一拼。

这时，城府深沉的宋霭龄劝住了她：千万不能瞎闹。这陈颖可
不是一般女子，她不但年轻貌美留过洋，而且有陈家做靠山。假如
处理不好，引发婚变也不是不可能。宋美龄一下子冷静下来，和大
姐一起制定了自己的"诛三"策略：

第一，坚决不闹离婚。这婚不是宋美龄一个人的，还连带着孔
宋两大家子呢。

第二，再闹也得保全老蒋的颜面。这张脸，关系着他的政治
前途。

第三，要妥善处理陈颖，既要彻底解决，又不能激怒了陈家。

于是，宋美龄通过自己的情报，找到陈颖。威逼利诱，给了她50
万美元，把她打发回美国去了。

接着，蒋宋两口子如同后来的克林顿夫妇，公开回应谣言。

蒋介石气愤填膺地说：有谣言说我个人行为不光明，说我和一
个女人有不正当关系。这是一个阴谋，这是诽谤和耻辱！

宋美龄则深情款款地表白："委员长提到的谣言已经遍传重
庆。我已经听到这些谣言……我觉得使委员长知道这些谣言是我
的职责。但是，我希望说明，永远不可能让我为这些谣言低首弯腰；
我也不会向他询问这些谣言是否真实。如果我怀疑委员长，将是对
他的侮辱。我相信他是如此正直，相信他的品格和他的领导。我不
能为任何事情侮辱他。我和他结婚已经17年。我和他共同经历了

所有危险……我希望,没有一个人会相信这些恶意的诽谤。"

至此,事情完满解决。

其实,这场危机还有另一个版本。 说当时介入蒋宋婚姻的,其实是陈洁如。 陈洁如从美国回国,隐居在上海法租界。 后来,被顾祝安置在吴忠信家里。 蒋介石就常常去吴家和陈洁如幽会。

这倒也不是不可能。 本来老蒋和陈洁如就是被迫离异的,寻机会旧情复燃的念头或许一直就潜藏在他脑海里吧。 不过,当年就丝毫没有反抗之力的陈洁如,这一次也注定只是插曲。

总而言之,蒋介石在婚后几乎可以算是标兵老公。 这大概也和宋美龄的"不消停"有关吧。 宋美龄婚后依然魅力四射、电光乱闪。 比如张学良就是宋美龄的铁杆粉丝。 有这么一位超级美女老婆,老公的心自然时时会牵挂着她。

1931年,宋美龄陪蒋介石视察南京黄浦军校本部。 检阅方队时,一个叫韩诚烈的学生看呆了,紧紧拉着宋美龄的玉手不放。 老蒋大怒,大喝一声:大胆狂徒,给我拿下! 韩诚烈这才结结巴巴地说:"夫人太美了……"宋美龄顿时芳心大悦。 她作为超级偶像,是最善待粉丝的。 她和张学良关系好,很大程度就是因为张学良欣赏她。 因此,宋美龄不但不怪罪韩诚烈,还在以后多方照顾。 如此一来,韩诚烈更加赤胆忠心,相思病得了一辈子。 后来韩诚烈赴美经商,成了百万富翁,也一直没有娶妻。 他对朋友说:"如果有幸遇上人品、才学、修养能望夫人(宋美龄)项背者,绝不坐失良机。"

这个粉丝不得了,比张学良铁杆多了,堪比金岳霖。 也可看出,

宋美龄的魅力确实是大大的有。及至她快 50 岁时，竟然还传出了
一则风流逸事，传说都到了老蒋提枪捉奸的地步了。

1942 年九十月，美国特使威尔基访华，来到重庆。蒋介石夫妇
自然是热烈欢迎这位"大财神"。就是这次会晤，才促成了后来宋
美龄访美。

而一些美国记者和专栏作家则流传，在招待会中途，威尔基和宋
美龄偷偷溜走，到重庆市中心妇幼医院的顶楼公寓"幽会"。蒋介石
大为光火，派了 60 名军警搜寻蒋夫人和威尔基。威尔基离开重庆
时，又再度和宋美龄密室幽会 1 小时 20 分钟，并在飞机场拥吻⋯⋯

美女就是绯闻多。尤其是想当美国人的明星和偶像，就要遵守他
们的潜规则——被公众拿来娱乐一番。身为明星，对于惊悚的绯闻需
要淡定，淡定——那么美国化的美龄总该懂得起吧？可惜她骨子里还
是颇为传统的，对这则绯闻扭到不放，打了 N 年官司，最后不了了之。

很明显，这是美国小报骗眼球的花招。如果宋美龄真的出了
轨，哪里还有后来几十年的幸福婚姻。第二年她如约去美国拉赞助
时，蒋介石也不会心疼她演讲讲得嗓子疼了吧。

七

近 50 年间，宋美龄跟随蒋介石，从南京、重庆辗转到台湾。

她在"第一夫人"的岗位上焕发光彩，并尽心竭力地经营自己
的"王国"。

她的婚姻并非始于爱情,却有幸福完满的结局。

她和蒋介石都很长寿。

1975年蒋介石去世,终年88岁。

那一年她78岁,已是风烛残年。 没想到,她在此后竟又活了28年。 在淡出台湾政坛后,她前往纽约定居。

据说台湾当局每年至少支出1000万新台币,给她请保姆、医生和司机。 加上蒋家的秘密资金,宋美龄晚年应当是生活无虞的。她不问世事,悠闲地作画。 这或许是她长寿的秘诀。 她自己也说:"不断绘画,就是我的修身秘密。 因为我希望每一天都能过得充实。"

2003 年，宋美龄病逝，享年 106 岁！

她的朋友美国将军史迪威这样评论她：一位聪明、有头脑的女人。 她直爽，坚强，精力充沛，喜欢权力，重名誉，喜奉承，对于她的过去满不在乎。 在与外国人打交道时，她从不向西方观点让步。中国人永远是正确的，外国人永远是错误的。 文笔引人入胜，但也失于肤浅，对西方的缺陷极尽讽刺，但从来不提中国任何一个微小的缺点。 能够随心所欲地施展魅力。 她知道该怎么做。 对蒋介石有很大影响力，主要是好的影响。 有几次帮了大忙。

赵一荻∕囚禁出来的旷世情

一

她遇到张学良时，只是一个 16 岁的青涩中学生。 而张学良已
30 岁，是权重一方的少帅。 见惯风月，有妻有子。

让这样的男人留情容易，给个名分却很难。

而她终究是凭着水滴石穿的功夫，让他最终和原配夫人离婚，娶
了自己。

张学良和赵四小姐的传奇，是战乱年代的一记玫瑰色。 很多人
神话了这段爱情，仿佛是一个遥不可及的童话。 其实不是，真实的

人生中没有童话。 深入发黄的历史仔细寻觅，就会品出复杂的人生
况味。 于是掩卷会心。

这段传奇，是赵四小姐凭一己之力争来的，也是靠时势成就的。

张学良，是一个主张抗日的爱国将领。

很多人对他的印象，就是来自历史教科书的，这样一个脸谱。
而真实的他，当然要有血有肉得多。

张学良是东北军阀张作霖的长子。 张作霖算是个大老粗，一生
有5个老婆，14个孩子。 要在这样的家里镇住堂子，张学良自然得
强悍点，带点匪气。 说得好听点，就是性格天真豪爽。 不过张作霖
看重他，特意送他去法国留学，把他包装得风度翩翩，很懂得起罗曼
蒂克。

这下子就了不得了。 有权有钱有貌有情趣，女人们都蜂拥
而上。

偏偏，少帅又最爱女人。 他自己说的："平生无憾事，唯一爱
女人。"他还写了一首诗来调侃自己这个特色："自古英雄多好色，
未必好色尽英雄。 我虽并非英雄汉，唯有好色似英雄。"

这样一来，他的情史想不丰富都不行。

九一八事变后，马君武作了打油诗讽刺张学良："赵四风流朱
五狂，翩翩蝴蝶最当行。 温柔乡是英雄冢，哪管东师入沈阳。"

意思是说，张学良太风流了，日本关东军入侵东北的时候，他还
在终日和女人厮混，根本不管民族安危。 这个事件里或有冤屈误
会，这里姑且不论。 但可以看出，张学良风流账多，这是当时地球人

都了解的常识。 这首诗里,就涉及了三个绯闻女友:红颜知己赵四小姐、当红影星胡蝶,以及另外一位名媛朱五小姐。 不仅如此,据说他和墨索里尼的女儿艾达,也有一段恋情。 情史跨越中外名门,确实够大手笔。

张学良到了老年,越发豪爽。

他说,我一生有 11 个情人!

他说,我从不追女人,都是女人追我。

他说,贤妻良母很好,但是我偏偏不喜欢。

这样一个男人,实在是一个单纯的女孩很难捕捉的。 赵四小姐能做到,自有常人难及之处。

二

赵四小姐并不算多美,但是身材颀长纤细,气质尤其好,既高雅又温柔。 她本名赵绮霞,但赵四小姐的名头,显然要响得多。 叫赵四,是因为她家里有十兄妹,她排行第四。

而赵一荻,其实是英文名 Edith 的音译。

1912 年,她在香港出生。 父亲赵庆华就任北洋政府交通次长时,一家人就搬到了天津。 赵家也算地位显赫,所以把女儿送进了天津中西女子中学。 这是一所大名鼎鼎的贵族学校,学生都是豪门显贵的千金。

在这一群未来的名媛里,赵四显得比较低调。 这和她的性格有关，她是内心很有主意、但外表很温和的女孩子，所以人缘不错。
中学时代的赵四，中规中矩，喜欢读书，成绩很好。 同时，她和所有
名门淑媛一样，在优越的教养条件下，多才多艺，爱好广泛。 她喜欢
运动，比如打网球、游泳、骑马等等，还会开车，舞也跳得挺棒。

看赵四小姐的照片就发现，她很会穿衣服。 对于女人来说，这
是一个可令吸引力翻番的优点。 无论在什么环境下，她都能把自己
打扮得雅洁得体。 在早年，她的穿衣品味更是相当时尚，因此还被
一本叫《北洋画报》的杂志瞄上，当过一期封面女郎。

不过，和张学良相遇时，赵四仍是寂寂无名，算不得一方名媛。

因为，当时她还不满 16 岁，还没有资格进入社交圈。

当时，天津最炙手可热的交际场所，当属蔡公馆。

主人蔡少基是一个洋派富豪，有钱又有品，举办的舞会也最有
人气。

有一次，赵四的三个姐姐要去蔡公馆跳舞，赵四就缠着也要去。
一直见姐姐们打扮得光彩照人地出去，又互相说笑着回来，自然很想
见识一下神秘的交际场。 姐姐们也爽快地同意了：反正迟早都要
进社交圈的，且自家小妹高挑秀气，带出去又不丢脸。

赵四把自己打扮停当，就跟随姐姐们去了蔡公馆。

作为一名封面女郎，她的穿衣品味和容貌仪态，是很符合上流社
会的审美的。 加上她面庞稚嫩，举止青涩，在久经沙场的贵妇们当
中，反而别具吸引力。 在男士们眼中，不施粉黛的赵四，就好像一朵
莲花掉进了玫瑰园。

于是，男士们都争着请她跳舞。

可赵四却一一拒绝了。 她一直安静地坐在角落里，直到张学良在一大群军官的簇拥下到来。 29 岁的张学良，身兼实力派和偶像派，英气逼人，气场十足。 这种气势，女人都容易倾心。 对于天真无邪的赵四来说，杀伤力更是百分百。

何况，这个英气男子，还穿过满堂的艳女贵妇，直直走到她面前，邀她跳舞。 当时，赵四一定既激动又兴奋，一张小脸高兴得熠熠生辉，按言情小说的话来说：幸福得都快晕过去了。

有种说法，赵四早就听说了张学良的风采，心仪已久。 这次是怀着朦胧的少女心事，特地来追星的。 这种揣测倒也符合赵四的性格，她一直就是个表面不声不响、但心里很有主意的姑娘。

这一场舞，张学良还没跳完，就因为紧要的公务而匆匆离去了。临去，他紧紧握住赵四的手，流露出恋恋不舍的神情。他一定注意到了赵四的青春和动人，也留意到了她眼中的纯真与爱慕。风月老手张少帅，当然会及时传递出爱的讯息。

很多爱，都缘于不了解。如果赵四清楚地知道张学良的复杂情史，或许就不敢爱他了。如果她知道张学良之所以常来蔡公馆，是因为这里有很多美女可以勾搭，对这场一见钟情的唯美感受，肯定也没那么深刻了。

这一年，是 1927 年。

赵四第一次步入社交场，就陷入了初恋。

过了几个月，时值盛夏。

赵家一大家子人，浩浩荡荡地奔赴北戴河。当时的风尚，京津一带的达官贵人，都喜欢携家眷到北戴河消暑。

当赵四意外碰到抽空前来的张学良时，第一反应肯定是惊喜：缘分啊！

确实挺有缘的。

在北戴河，他们几乎天天都能见面。在海边追逐嬉戏的经典场面，让赵四青春少女的曼妙身姿和活泼性情展露无遗。

据说，赵四有一次游泳时，不小心被一个海浪卷走。同伴们都惊慌地呼救，旁边的张学良毫不犹豫地跳下水去，把赵四给救了起来。

赵四彻底爱上了张学良。

这是当然的。在遇到危险的脆弱关头，爱上营救自己的陌生人都不足为奇，何况是自己魂牵梦萦的男人呢？赵四感动又欢欣，对张学良爱得更深。

张学良说，一生之中，都是女人追他。换言之，赵四也不例外。接下来发生的几件小事让人揣测，赵四确实是用了一点小心机，来倒追张学良。

有一次，张学良来找赵四，直接推门进了卧室（说明两人关系很亲昵了）。恰好，赵四不在房间。张学良就顺手拿起床头的一本日记来翻看，里面记录的都是少女心事，相当一部分都是关于他！其中一句让他怦然心动："非常爱慕张少帅，可惜他已有妻室，命何之苦也！"这相当于是赤裸裸的告白。就算少帅阅历无数，被爱情这么狠狠撞了一下腰，也有点心潮澎湃了。

试想，张学良既然直接进卧室来找赵四，说明比较有把握能找到她。可这一次，赵四"恰巧"不在。找不到人，堂堂少帅也绝不可能故意去翻柜子。这说明日记是故意放在一个显眼的位置，才会被顺手拿起来。日记这么隐私的东西，一般人可不会大张旗鼓地放在外面。偏偏，日记里就有着热烈的告白。诶，这个聪明的赵四小姐，是在故意试探张学良的心意吧？

另外一次，赵四和张学良出席一个宴会，挨着一块儿坐。赵四这天戴了一条新款的鸡心坠项链，张学良和她聊着天，就好奇了：咦？这坠子挺别致啊，还能打开的哪？一打开，他就看见了自己的照片，下面还写了字儿："真爱我者是他。"——不知这个传说的版本是否确切，怀疑一个坠子里能装下照片以及那么多字。不过，可以肯定的是，在赵四小姐一次次巧妙的传情达意后，少帅完全陶醉在她炽热的爱意中了。

从此，两个人陷入热恋阶段。

结束度假，回到天津后。两个人就在社交场合中出双入对了，舞会中凡有张学良出席，就必有赵四小姐在侧。

他们像情侣一样，四处结伴游玩。

他们开始约会，花前月下卿卿我我，到了难分难舍的地步。

张学良使出百试不爽的泡妞高招：送礼物。一收到礼物，女人的心就融化了。

但比较一下，应该还是赵四小姐爱得更多更彻底。她费了很多心思来吸引他，他倒是坦然享受了，却没有给她对未来的一个期许。

他是有家室的人，她该怎么办？

三

年少激情的赵四，或许并未对将来考虑太多。但她的父亲却必须考虑。赵四和张学良经常约会的事，终于传到了赵庆华耳朵里。

赵庆华很恼火：苦心栽培一个女儿出来，居然跑去和已婚男人谈恋爱，这不是自毁前途吗？张学良很好，家里也很有权势。问题是，他的原配夫人已经生了三子一女，地位不可撼动。难道要堂堂一个千金小姐,嫁过去做小？ 他绝对不可能答应。

赵庆华给赵四下了死命令:必须和张学良断绝往来。 并且快刀斩乱麻地,给她定了一桩门当户对的亲事。

赵四小姐当然抵死不愿。

她和张学良见不了面,就只好偷偷摸摸地写信。 往昔结伴同游、密约幽会的欢乐,此刻都化作了蚀骨的相思。 从信件的频繁程度看,家长的反对,反而让他们之间的爱火更加熊熊燃烧。

青春期的少年和热恋中的人,都是一样:越逼越逆反,越遇阻越起腻。

张学良当时也没什么好办法。 他想都没有想过,要为了赵四而离婚。 他一直情人不断,可老婆在家也好好地生下了四个孩子。所以,除非赵四小姐愿意作出牺牲,自降身份作妾作情人,他们未来才有可能。

他不知道,赵四爱他之深,愿意作出的牺牲远远超过他的预料。

在事情陷入胶着状态时,张学良碰到了人生第一次大挑战。

1928 年 6 月 4 日,张作霖从北京回奉天时,所坐火车在皇姑屯被日本关东军炸毁。 张作霖伤重身亡。

这对于张学良来说,不仅仅是丧父的家事。 他必须迅速返回奉天奔丧,同时完成对东北军的接管。 这是当务之急。

张学良心情沉重地离开,赵四小姐不顾一切地跑去送他。

看着一个深陷哀痛的男人,赵四压抑已久的激情和母爱情结一起发作,扑上去紧紧搂住他,在他唇上深深一吻——赵四小姐外表温柔如水，内心却热烈大胆。这可能也是张学良喜欢她的原因之一。有激情的女人，总是让人迷恋。

之后，就是长长的离别。

回到奉天后，张学良凭借自己的威信，顺利接掌东北军。皇姑屯事件后一星期，他就果敢地宣布：奉系军队接受收编了，从此南京政府让俺干啥，俺就干啥。史称"东北易帜"。

张学良决心抗日，坚决地除掉了两个亲日派的元老，杨宇霆和常荫槐。

7月，张学良向国民政府发出《绝不妨碍统一电》，再次表态：我小张以后就是你们的人了。随后，出任陆海空军副司令、东北边防司令长官。

1930年9月，张学良看准时机，10万东北军挥师入关，一举帮老蒋灭了对头阎锡山，结束了中原大战。中国形式上进入了一个统一时期。

这一下，张学良功劳大了，成了老蒋最欢迎的人物。两个人还拜了把子。

那是张学良最为意气风发的岁月。

英雄本色，需要红袖添香。

这期间，关于赵四小姐的香艳传说，更为张学良的男性魅力大大增色。

张学良回奉天后，一直和赵四小姐通着音讯。

对于赵四小姐最终私奔到沈阳，大多数传记是这样描述的：

由于劳心劳力,张学良病倒了。在严峻的政治斗争中,他分外怀恋赵四小姐单纯而美好的恋情。于是,他在信中,可怜巴巴地呼唤赵四:快来奉天,来看看我吧,我很想你。

1929年9月,赵四小姐给家里留下一张字条,说要去探望张学良,一个人偷偷坐车到了沈阳。

"赵四小姐私奔"这个爆炸性的消息,快速在天津传播开来。一些花边小报立刻闻风而动,刊登出"赵四小姐诡异失踪"之类的悬疑新闻,一时舆论哗然。

随后,注重家声的赵庆华,觉得女儿的行为实在有辱门庭,大怒之下,连续五天在报上刊登公开启事,将赵四逐出赵氏宗祠。文曰:"……四女绮霞,近为自由平等所惑,竟自私奔,不知去向,查照家祠规条第十九条及第三十二条,应行削除其名,本堂为祠任之一,自应依遵家法,呈报祠长执行。"

赵四小姐为爱私奔,家长震怒与之断绝关系,当时确实是个大新闻,听起来似乎也合情合理。但是,实情并不完全是这样的。

据张学良晚年回忆,赵四小姐当年应邀来沈阳,其实并不是来私奔的,她"只是来看看他,还是要回去的"。可因为赵家父亲一登报,赵四小姐回不了家,只好留在他身边,坐实了私奔之名。

再来听听张学良当年的副官陈大章是怎么说的。陈大章回忆,当时,张学良给赵一荻打电话,问她愿不愿意来奉天旅游。赵四小姐回答,这得先问过父母,他们同意了才能来。过了几天,赵四小姐打电话来说,爹妈都同意啦,马上就可以来奉天。张学良很高兴,立刻派陈大章到天津去接她。

下面是重点了。 陈大章回忆说，赵四小姐走时，赵家人都到火车站送行。

这就是说，赵四小姐去沈阳，确实是请示过父母，同意了才走的。

张学良的心理准备，也是接待女友的规格。 可谁料，第二天他一看报，有点发懵：赵四小姐的父亲，居然登报发表声明，说她"竟自私奔，不知去向"！饶是张学良见多识广，此时也有点糊涂了：赵家这是在演哪一出啊？

陈大章说了，当时张学良也问赵四小姐了：你父亲明明知道你来奉天，而且也同意了呀，怎么突然发这个声明？ 弄得大家多尴尬啊，好像我诱拐未成年少女似的！赵四小姐的反应，就是低着头一声不吭。

陈大章没有必要说谎，作为亲历者，说法应该可靠。

那么，这到底是怎么回事呢？

赵四小姐的父亲赵庆华，自然不是突然离奇失忆了。 那么就只有一个解释：这一切都是他深思熟虑后的作为。

赵庆华深知女儿的性格，看似温和实则执拗。 从这两年来，家长反对完全管不住她，就可以看得出来。 这一回，她非要孤身到绯闻男友家里去玩，这一去无论回不回来，清白名声都绝对不保了。

赵庆华看得很清楚，这件事在社交圈子里，根本瞒不住。 所以他苦心孤诣，开始着手为赵家和女儿尽量安排一个好一点的结局。

送女儿上了火车，他马上就登报断绝关系。

还一连登五天，这么高调，生怕别人看不见。

他首先是要给赵四小姐的未婚夫家看。 赵四小姐这一走,婚事肯定就不成了。 对人家他不好交代,干脆公开逐出门户,出什么么蛾子都怪不到自己头上。

其次,是为家族安全的考虑。 当时是军阀割据的战乱年代,各个派系经常开战。 倘若哪个吃了奉系的亏,把赵家当张学良的家属迁怒,不是冤得慌吗——赵四小姐没名没分,人家可没把他们当岳父母保护。

最意味深长的一点是,赵庆华此举恰恰成全了女儿的痴情——断了她的后路,张学良就不得不收留她在身边了。 他高调张扬,不惜丢更大的脸,弄得人尽皆知,就是要给张学良下个紧箍咒:大家都知道我赵家的女儿投奔你张学良去了。 你是名重天下的少帅,可不能始乱终弃啊。 天下人的眼睛都盯着你呢。

这,是赵庆华为女儿做的最后一件事。

此后的数十年间,不知道赵庆华有没有暗暗关注女儿的消息? 不知道赵四小姐是否明白了父亲的良苦用心,或是一直不肯原谅他的自私与绝情?

他们父女,一辈子都没有再见面。

四

无论赵庆华的初衷如何,赵四小姐面临的境况是,被孤零零地抛在沈阳,再也没有家可以回了。 张学良的爱情,是她唯一可以倚仗的东西。

遇见你，
在我最美丽的时刻

不意人间富贵花

如果她再年长一些,也许就会害怕。因为那时她就会知道,郎心似花易凋谢,爱情是一件多么不可靠的事。但 18 岁的赵四什么也不怕,她和张学良一起打高尔夫,四处游玩。为自己可以留在张学良身边而满心欢喜,她相信这份爱情永远不会褪色。

只要有张学良的爱,她被全世界抛弃了也不怕,

只要能陪在他身边,她受尽讥评嘲笑也不怕。

18 岁的爱情,是无畏且激烈的。

赵四小姐看起来毫无锋芒,但内心却非常坚定而隐忍:对于目标很坚定,对于委屈能隐忍。她做了一件惊世骇俗的事,处于被逐出门的尴尬境地。但是年纪轻轻的她,就能以四两拨千斤的淡定,从容面对各方压力的目光。

内心的痛苦淡然无痕,她脸上永远都是温婉一笑。

从这一点看,她确实有大家闺秀的丘壑。

张学良的原配夫人于凤至,为赵四小姐的到来犯了难。

赵四小姐一踏上奉天的土地,她就感到了前所未有的威胁。

于凤至相貌颇美,端庄贤惠,比张学良大 3 岁。父亲是奉天一个小乡镇上的商会会长,其实就是家里开了几间小铺面。因此,张学良当初就有些瞧不起。

传说于凤至深知高攀会带来轻慢,便赋了一首《临江仙》:"古城亲赴为联姻,难怪满腹惊魂。千枝百朵处处春,卑亢怎成群,目中无丽人。山盟海誓心轻许,谁知此言伪真?门第悬殊难知音。劝君休孟浪,三思订秦晋。"张学良一看,顿时收起了轻视之心:好个

才女,差点错过了! 于是恭恭敬敬地娶回家来。

这个传说,不知真伪。 但于凤至能嫁进张家,是因为张作霖很喜欢她,说她是"凤命",吉利。 所以,这桩婚姻算是父母包办的。

于凤至嫁过来后,一连生了四个儿女。 凭着公公的支持和治家的才干,早已在张家坐稳了少帅夫人的位置。

唯一的缺憾,是张学良始终不够爱她。 张学良老年时直率地说:"我跟我太太(于凤至)一直不太和气,我不喜欢我的太太,因为我们是媒妁之言、父母之命。 我跟我太太说,你嫁错了人,你是贤妻良母呀,可是张学良恰好不要贤妻良母。"所以,张学良在外面情人不断。 但于凤至也想得开,任他在外面倒腾,她只管照顾好帅府和四个孩子。

不要小看了于凤至,她是很有些智慧的。 不然她不能叫张作霖父子服气,也难以坐镇帅府。 这一点,拿她和张学良的第二个夫人谷瑞玉一比,就很明显了。

死活要嫁张学良的千金小姐,赵四并不是第一个。 早在数年前,就有谷瑞玉的先例。谷瑞玉出身天津市郊的大户人家,年轻貌美,受过西式教育,能用流利的英语和外国军火商谈判。 张学良和她是自由恋爱。 情火炽热之时,谷瑞玉不顾炮弹横飞,不要命地跑到前线和张学良幽会——少帅魅力果然不是盖的。

张学良本来就喜爱她,加上十二分的感动,就和她结婚了。

算是二房夫人吧。 但于凤至坚决不准她进帅府,谷瑞玉就在天津当外室。 如果张学良打仗,她就跟着上一线,所以被称为"随军夫人"。当时，他们的感情还是很要好的。

论起家世容貌感情，谷瑞玉什么都比于凤至强，可就是智慧差了一点。在复杂的军政斗争环境中，她屡屡犯下愚蠢的错误，以致最后失去了少帅的心。

比如，张学良感到疲累，染上了鸦片瘾。她为了给张学良戒毒，花了一大笔钱找了个日本医生。不料那家伙用吗啡给张学良戒毒，结果鸦片瘾好了，又染上了更严重的吗啡瘾。张学良白白受折磨，谷瑞玉好心办坏事。

后来，谷瑞玉厌烦了随军生涯，独自到天津享受上流社交生活去了。这时她又犯了个错误：1928年张作霖遇袭身亡，东北军将此作为最高军事机密，秘不发丧。结果，谷瑞玉贸然返回帅府，让日本人窥破真相。帮不上忙，就会添乱。此时，张学良已经不耐烦她了。

谷瑞玉还看不清形势，不甘心外室的身份，吵闹着要进帅府住。这更让张学良觉得后悔：还以为她乖巧，原来是装的啊。

当时张学良刚接掌东北军，杨宇霆一些亲日元老密谋取而代之。谷瑞玉笨头笨脑地，被杨宇霆派姨太太给收买了。后来，杨宇霆请张学良和谷瑞玉赴宴，埋伏了一群日本浪人刺杀他。幸亏于凤至机敏地拆穿了奸计，保护了张学良的安全。张学良和谷瑞玉的感情彻底破裂。

两个夫人的作为一对比，张学良越发敬重于凤至。做大帅的女人，光有美貌是不够的。姜是老的辣，还是父亲挑的媳妇儿，才担得起少帅夫人的担子。对谷瑞玉的失望，让他彻底把爱情和帅府划清了界限。他风流花心，会爱很多女人。但他是一方统帅，不是所有女人都能领回家的。

这个认识，波及到了后来的赵四小姐。

所以，于凤至提出：赵四小姐一不能进帅府，二不能有名分。

张学良一句话没多说就同意了。在他眼里，此时的赵四小姐和当年的谷瑞玉，其实并没有多大不同吧。年轻，美貌，激情。他只要在确保安全的范畴里，好好享受就可以了。

此时的于凤至应该是如临大敌。论出身，赵四是真正的大家闺秀，完全有当大奶的资格。论条件，赵四青春貌美，比她小了十多岁。论气场，赵四背弃家族找上门来，可谓来势汹汹。面对这样一个强劲对手，于凤至自然是严阵以待。她本来不想要赵四留在奉天，可张学良不答应：家里不要她了，你让她往哪儿去？

最后大家各让一步，把赵四安排在北陵别墅居住。对外称作张学良的私人秘书，对内称侍从小姐。扔下个不明不白的称呼，于凤至便不再过问赵四。

这是于凤至的聪明之处，她的算盘应该是：等赵四忍受不了这份委屈，就会吵闹或者离开。当年谷瑞玉，不就是这样自乱阵脚的吗？

于凤至的第一招，不着痕迹的下马威，不可谓不高。

可惜这次她碰上的是赵四。

赵四是个承受力和适应力超强的人，忍耐是她一生制胜的法宝。她对父亲的驱赶尚能承受，何况意料之中的敌意呢？

她毫无怨言,欢喜地迎接一生中最幸福的时光。

这是她和张学良的蜜月。

经过炽热的相恋和长久的离别,他们终于能朝夕厮守了。张学良白天在帅府上班,但每晚都会情不自禁地回到别墅。他们恨不得分分秒秒都在一起,就连早上的分别都难分难舍。

1930年冬天,她生下儿子张闾琳。

这是张学良的第四子,也是最小的孩子。

在怀孕期间,赵四小姐很吃了些苦头。因为背上生了痈疮,一度还被医生要求堕胎。千辛万苦生下孩子,她才发觉自己的境地极其困窘。

孩子是早产,她没有奶水。婴儿用品不齐全,照料产妇母子的人手也不够。这种种不便,张学良一个大老爷们根本想不到、顾不上。想把孩子送回父母家,父亲又声明脱离了关系。再加上想到孩子是个"黑户",没名没分,将来前途怎么办……问题很具体,换个女人恐怕都要得产后抑郁症。即便神经强韧如赵四小姐,也不免忧思忡忡。

在这个关头,居然是于凤至伸出了援手。

一直以来,于凤至就当赵四小姐不存在。不见面,不过问,不为难。这段日子她冷眼看着,对赵四小姐的性格也有所了解。赵四身为千金小姐,对种种委屈的反应是不怨不怒、不急不躁。估计于凤至也有点佩服她了。

现在赵四既然已生下孩子,木已成舟,于凤至决定去探望她。

　　于凤至后来写信回忆当时的场景："我在你临产以前，就为你备下了乳粉与婴儿的衣物。那时我不想到北陵探望，令你难为情。我思来想去，决定还是亲自到北陵看你。我冒着鹅毛大雪，带着蒋妈赶到你的住处，见了面我才知道你不仅是位聪明贤惠的妹妹，还是位美丽温柔的女子。你那时万没有想到我会在你最困难的时候来'下奶'，当你听我说把孩子抱回大帅府，由我代你抚养时，你感动得嘴唇哆嗦，眼泪就像断了线的珠子一样滚落下来，你叫一声：'大姐！'就抱住我失声地哭了起来……"

　　赵四小姐至始至终没有野心，但这也要于凤至镇得住场子。

　　显然，于凤至之前并未过多插手，待赵四小姐自生自灭地吃了些苦头后，才在关键时刻援手。既落了贤惠名声，也收服了赵四小姐的心。

　　于凤至把握的，是正室的分寸。

　　她出的第二招：雪中送炭，威慑后的怀柔。

　　虽然大获成功，但也不无苦楚。无论如何，自己的男人是被瓜分了。

　　由于赵四小姐的本分，于凤至也戒心大减。

　　过了几个月，她决定把赵四接到帅府旁边住，既让张学良和赵四感激自己的大度；也免得张学良天天去别墅，整日不回帅府。

　　于是，于凤至出了第三招：以关怀之名，把敌人放在眼皮底下监控。

　　于凤至把帅府旁一栋两层小洋楼买下来，装修得漂漂亮亮，亲自去北陵别墅把赵四小姐接过来住。这栋楼，后来就叫做赵四小姐楼。

不患人间富贵花

　　赵四小姐来到这里后，出人意料地挑了一间阴暗潮湿的房间住。张学良后来得知她的用心后，非常感动——因为在这间屋子里，她抬头就能看见大帅府张学良办公室里的灯光。

　　于凤至出了很多招，但赵四小姐始终只有一招：用女人的温柔，牢牢抓住张学良的心。现在她依然只是"机要秘书"，但她在帅府的地位越来越稳固了。

　　由于赵四年纪还小，张学良把她送进奉天大学，继续上学。赵四小姐从小就受到良好教育，写得一手好字，英文也极为流畅。她一心希望帮助张学良，又学习了军内密码。渐渐地，赵四小姐真的成了张学良的心腹秘书。

　　1931年，因为在中原战役中立功，张学良升任国民政府陆海空军副司令。一家人搬到北平，都住进了顺王府。

　　于凤至默认赵四的存在，并且和她分了工：于凤至主内，打理帅府；赵四小姐主外，在政务上协助张学良——她自己始终牢握着帅府夫人的大权，不过也给赵四小姐留了一条路。

　　张学良患伤寒住院了。于凤至就说了：按照分工，我到医院照顾汉卿；你留守办公室吧，每天最多来看他一次。赵四小姐完全表示同意。

　　在和于凤至同住期间，赵四小姐完全以"小妹"的姿态，来侍奉"大姐"。见面就带三分笑，开口就是大姐长大姐短。遇到问题，第一时间到于凤至房中请教。张学良给她买了衣料，或其他人送了精巧东西，赵四都大方地送给于凤至。

134

一句话概括，赵四小姐是"执妾礼"。

见她如此温良恭敬，于凤至也不好刁难了。原本她也不是恶人。

至此，一堂妻妾磨合完毕。

五

"九一八事变"后，东三省沦陷。

张学良被讥评为"不抵抗将军"。那首"赵四风流朱五狂，翩翩蝴蝶最当行。温柔乡是英雄冢，哪管东师入沈阳。"就是写于此时。

张学良痛恨日本，但蒋介石不准他出兵。他压力很大，被迫下野，到了上海。他越来越依赖吗啡，面黄肌瘦，一副瘾君子的模样。

赵四小姐平时一副柔弱模样，但关键时刻性格里的果敢就迸发了。

她决定帮张学良戒毒！

以前，谷瑞玉帮张学良戒过一次，失败了。赵四小姐经过询问，知道戒毒只有一条路：硬戒。于是医生把张学良绑在椅子上，赵四小姐和侍卫拿着枪，守在门口。

当家人朋友被张学良凄厉的叫声引来时，却被赵四小姐挡住了。

她一直都有坚韧的性格，为了达到目标，可以忍受一切苦难。

张学良是她最爱的男人,也应该有这种强韧!

七天七夜,张学良戒毒成功。

焕然新生时,他内心一定是感激赵四小姐的。

张学良原本很推崇蒋介石,认为蒋是可以统一中国的大才。 和他结拜兄弟,感情很好。 可现在,张学良逐渐看清了蒋介石的"不抵抗政策",深感失望。

在谋求抗日救国的良方时,张学良开始和红军秘密接触。

1936 年,张学良和杨虎城决定实行"兵谏",逼老蒋答应抗日。

这期间,所有的机密电文,无不是经过赵四小姐之手。

她已经是他最信任的人了。

以至于,当西安事变发生后,中共代表周恩来应邀来到张学良的公馆,一进门就热情地跟赵四小姐握手:"这是赵一荻小姐吧? 我们虽然没见过面,交道可是打得不少呢!"——不谋面的电文交道,确实不少。

西安事变,是张学良一生的最大转折点。

他后来也说:"我这个生活呀,就是到了三十六岁,发生大转变。 假如没有西安事变,我不知道我还会有什么经历呢。"

当时,忧国忧民的张学良和杨虎城,怀揣一腔热血,把蒋介石扣押。 逼迫他同意"停止剿共,改组政府,出兵抗日"。 最后,蒋介石答应国共第二次合作,共同抗日。 事件完美解决。

不过,蒙受奇耻大辱的蒋介石,恨死了张杨二人,立刻就杀了杨虎城。 要杀张学良时,被宋美龄拦住了。 宋美龄为何会救张学良呢？ 这里也有一段缘故。

张学良和宋美龄，早在 1925 年就认识了。

宋美龄比张学良大两岁，当时还没出嫁。 留美归来的宋美龄年轻貌美，张学良一见就被迷倒了。 他们经常在一起跳舞，张学良还约了她几次。 从不追女人的张学良遗憾地说："若不是当时已有太太，我会猛追宋美龄。"

后来蒋介石夫妇见张学良，宋美龄热情招呼："Peter, how are you？"弄得老蒋很惊奇：咦？ 你们早就认识啦？ 后来蒋介石邀请于凤至也到南京，宋美龄一手操办了欢迎典礼，对于凤至非常亲热。宋妈妈还认了于凤至当干女儿，蒋介石也和张学良结拜了兄弟。

蒋介石是政治因素考虑得多，但宋美龄对张学良是真有感情。

西安事变后，张学良执意要亲自送蒋介石回南京。 他说："我到南京，是自己去请罪。 这个请罪，甚至包括把我枪毙……因此，我临走时，把我的家眷交给了我的一个部下……我是军人，自己做的事，自己负责任，我没有别的想法。 我反对内战……为了停止内战，我决心牺牲自己。"

但是到了南京，蒋介石就要杀他。

当时美国驻华公使约翰逊回忆："宋（宋美龄）对蒋先生说，'如果你对那个小家伙（张学良）有不利的地方，我立刻离开台湾，还要把你的事情全都公布出去。'"宋美龄还说："西安事变，张学良不要金钱，也不要地盘，他要什么，他要的是牺牲！"

是宋美龄的力保，救了张学良一命。

张学良得知后，认为宋美龄很了解他，是他的知己。

他说，一生中有两位女性对他恩同再造，一是宋美龄，一是赵一荻。

他还说，宋美龄是绝顶聪明、近代中国找不出第二个的优秀女性。

在张学良被软禁后，宋美龄也努力在生活上关心他。

但是宋美龄不喜欢赵四小姐，觉得她像个姨太太，不许她跟着张学良。 大概是由于她跟于凤至比较熟，而且有种基于正室的敌对情绪吧。

所以，在张学良囚笼生涯的前三年，是于凤至一直陪着他。

早年，由于蒋介石怒火未歇，所以囚禁张学良的地方，都是深山老林，条件十分艰苦。 而且，幽闭在一个狭小的地方，没有娱乐。 这种环境很能让人发疯。

于凤至得了严重的乳腺病。 张学良就提出，让于凤至去治病，把赵四接来陪我吧。 戴笠受命办这件事，心里忍不住嘀咕：我可以去接，问题是人家能来吗？

此时，赵四小姐带着幼子张闾琳，在香港定居。

这一年，她 28 岁，儿子不满 10 岁。

香港的生活繁华安逸，她手中也有一笔可观的财产。

她爱过的男人，已经不是威震四方的少帅。 现在沦为阶下囚，亲信们都树倒猢狲散。 说起来，他对她也不算太好。 她牺牲了家族和名誉跟着他，他却连一个名分也舍不得给她。 大多数女人应该都会想：我把青春都白白搭给你了，余下的时间我尽心抚育我和你的孩子。算对得起你了吧？

可是，赵四不是一般女人。

她的心智比一般女人坚韧，她的爱情也比一般女人坚固。她接到消息后，经过痛苦抉择，决心把幼子送给美国的朋友抚养，而自己去陪张学良坐牢。

她转身离开时，闾琳撕心裂肺地痛哭，不顾一切地扑过去，死死抱住妈妈的腿，哭喊："我要跟妈妈走，妈妈去哪我去哪！"但赵四还是硬起心肠走了。

看到这里，不禁长叹——赵四确实是真爱张学良！

她舍得青春年华，舍得安逸生活，舍得狠心离开几岁的儿子！同当年一样，只要能陪在张学良身边，她什么都舍得牺牲。

1940年，赵四来到贵州修文阳明洞，照顾张学良的生活。

连戴笠也叹道："红颜知己，张汉卿之福啊！"

此后的几十年里，赵四一直陪着张学良，换居了15个囚地。后来是到了台湾西子湾、北投等地。

赵四小姐天性爱打扮，可过上囚居生活后，她就素面朝天、穿蓝衣布鞋。她亲自动手做饭炒菜，亲自动手给两个人做衣服。

他们两个一起种菜、喂鸡，以改善生活。

她给张学良做牙线，一根一根地用手捻成，然后打上蜡料备用。

后来，张学良的囚禁条件有所改善，爱看英文报，赵四就用英语和他对话。

后来他喜欢研究明史了,赵四就给他买书、查资料、做标签。

张学良要打网球、排球,赵四陪着他。

张学良爱下围棋,赵四也陪着他。

张学良喜欢打猎、钓鱼,赵四也跟着学。

张学良喜欢古董,她就帮着采购、鉴别和收藏。

……

张学良要做什么,赵四就陪着他做。 她似乎没有自己的喜好和追求,唯一的目标就是满足张学良的愿望。 她的爱,真是让人有些瞠目结舌。 一个女人怎么可以爱一个男人,到泯灭自我的地步?

后来,他们寄人篱下的儿子张闾琳,在美国顺利长大,结婚生子。 赵四获得特许去美国探亲,但她每次不超过三天,就匆匆回到张学良身边。

张学良后来常常说:"我这一生亏欠她甚多。"

即便如此,张学良也不愿说谎:"四小姐是对我最好的,但不是我最爱的。"

赵四也对张学良说过:如果不是被软禁,我早就离开你了。 你那些事情,哪个女人也受不了。

所以,这两个人的旷世之恋,其实是坐牢坐出来的。 张学良说,他不喜欢贤妻良母,而赵四恰恰正是一个贤妻良母。 如果不是失去自由,爱风流的张学良,肯定早就伤透了赵四小姐的心。

或许,这种相濡以沫的单纯日子,在赵四看来就是幸福。

虽然,若没有被囚禁张学良的生活会是另一种模样,但那毕竟是假设。 事实上，几十年两个人不离不弃朝夕相对，这份依赖已深深刻入了张学良的灵魂。

几十年里，他只有她，她只有他。

他们是彼此的唯一。

六

张学良说，以前蒋夫人很不喜欢四小姐，但后来就变得很喜欢她了。 我们最终能够结婚，也多半是蒋夫人出的力。

开始的讨厌，到后来的喜欢，中间隔了一段漫长的囚禁岁月。身为女人的宋美龄，看见赵四小姐的这份不计名分的痴情守候，也不得不动容。

在宋美龄的影响下，张学良和赵四都信奉了基督教。 由于基督教规定，男子只能有一个妻子。 于是年过花甲的张学良，最后决定跟于凤至离婚，和赵四小姐正式结婚。

于凤至自从当年出去治病，就一去不返了。 她在美国定居经商，同女儿女婿一起住。 于凤至的选择，也是人之常情。 但此时，面对陪张学良坐了 20 年牢的赵四小姐，于凤至这个原配若不答应离婚，也有点说不过去了。

她写信回复说："荻妹，我只陪了汉卿三年，可是你却在牢中陪了他二十多年。 你的意志是一般女人所不能相比的……事实上，经过二十多年的患难生活，你早已成为了汉卿最真挚的知己和伴侣了，

我对你的忠贞表示敬佩！ ……为了尊重你和汉卿多年的患难深情，
我同意与张学良解除婚姻关系，并且真诚地祝你们知己缔盟，偕老
百年！"

1964 年 7 月 4 日,64 岁的张学良和 51 岁的赵一荻,在台北北投
一个教堂举行婚礼。 宋美龄、张大千等人参加了仪式。

婚礼上的赵四小姐,以红色旗袍配珍珠项链,高雅华贵。

此时,她跟随张学良已经 36 年,名义是私人秘书。 其中 25 年,
是陪他过着与世隔绝的幽居生活。

据说,当牧师证婚时,赵四小姐的眼泪夺眶而出。

她从未要求过,不说明她真的不介意。

张学良也颇为感触,手指颤抖,差点无法为赵四小姐戴上戒指。

这场婚礼,使赵四小姐再次成为头条新闻人物,只是这次见证的
是她的幸福。

台湾《联合晚报》刊出贺词："卅载冷暖岁月,当代冰霜爱情。
少帅赵四,正式结婚,红粉知己,白首缔盟。 夜雨秋灯,梨花海棠相
伴老；小楼东风,往事不堪回首了！"

随着蒋介石父子先后离世,张学良和赵四渐渐恢复自由。

1994 年,他们离台赴美,在夏威夷定居。

张学良出了牢笼,越发像个顽童一般。 接待八面来客,接受四
方访谈。

80 岁时,他笑呵呵地说：我现在不研究明史了,我改研究女
人了。

他评价自己：不怕死，不爱钱，丈夫绝不受人怜，顶天立地男儿汉，光明磊落度余年。

而赵四则心如止水地编写证教小册子。她写道："为什么才肯舍己？只有为了爱，才肯舍己。"这句话，仿佛是在解释自己的一生。

到了晚年，赵四小姐的身体很不好：1965年，她因肺癌切除了一叶右肺。接着，患上红斑狼疮。1997年，她的左肺再次癌变。

2000年6月1日，张学良高高兴兴地过了百岁生日。他紧紧拉着赵四小姐的手，对大家说："我太太非常好，最关心我的是她！"他用家乡话说："这是我的姑娘。"赵四盈盈笑着。

或许，她只是强撑病体，想看着丈夫过完百岁寿诞吧。

很快，她再次病重入院。

张学良每天都坐着轮椅来看她。

他留恋地看着沉睡的她,悲伤地说:太太要走了。

他用沙哑的东北乡音呼唤她:咪咪,咪咪,我来看你啦!

赵四小姐停止呼吸后,他却浑然不觉地握着她的手。 旁人告诉他,太太已经走了! 张学良才霍然清醒,忍不住老泪纵横。

他撕心裂肺地喊:太难过了,我心里难过啊!

在追思礼拜上,张学良又激动地喊道:她走了,我要把她拉回来!

6月22日,赵四小姐病逝,享年88岁。

她一生陪伴了张学良整整72年! 在这一份沉甸甸的岁月里,包含了她整个的青春和暮年,包含了她全部的爱恋和悲伤。 这是钢铁一般坚硬的感情,在它面前任何欢爱都如同浮云一般。

张学良夫妇的老友周联华致词说: "赵一荻女士当年情愿放弃人间的一切,跟随张将军软禁,而且做得那么真诚,那么至善至美,那么让世人皆惊。 她这样做纯粹为了爱……她和汉卿互许一个未来,共担一个未来。 这未来是暗淡的,是黑暗的,但她却无怨无悔……"

张学良曾说,他最爱的女人不是赵四。

但到了最后,他刻骨铭心的唯有赵四,他不能失去的灵魂伴侣也是赵四。

赵四小姐逝后第二年,张学良也撒手人寰。

我挥一挥衣袖，不带走一片云彩

他有多痴情，就有多无情。在原配张幼仪怀孕两个月时，徐志摩强迫她签字离婚，只因为他深深爱上了豆蔻年华的林徽因；数年以后他又激烈地爱上了朋友王赓的妻子陆小曼，夺而以为己妻……这个故事充满了离经叛道的元素，里面的男女却个个光彩夺目，互相辉映。回望这段轶事，令人对原配、小三、出轨男等等热门词汇，少了一份迫近的义愤，却多了一份时光沉淀的打量。

林徽因\爱惜羽毛的理性才女

一

看过些晚清及民国时期的老照片,很多贵妇及后妃的照片颇让人失望。 即便是让人很有好感的珍妃,看上去也只是个平凡女子。想来光绪于珍妃,与其说是帝王之宠,不如说是两个年轻人在谈恋爱。 还有些后妃留下的照片,看起来都相当寒碜——难怪有一干人要大呼同情皇上!(大概是那个时代摄影技术落后,尤其艺术照尚未诞生。)

而人如其名的照片美人,窃以为也就两个:一是婉容,二是林徽因。 婉容看来颇为端庄,我们可以想象真人的美丽。 而林徽因少女时代的照片,则直接呈现出光彩夺目的风华,无论放到哪个时代,都是不折不扣的美人!

以前西媒评价波姬小丝的少女之美,是世界第八大奇迹。 而林徽因少女时两颊融融,顾盼生辉。 两条长辫子上系蝴蝶结,一身学生裙配长筒靴。 浑身透出时髦少女的范儿,同时又拿着大家闺秀的气度。 很是赏心悦目。

她的美貌,就连丈夫的续弦林洙都为之倾倒:"我的注意力被书架上的一张老照片吸引住了,那是林徽因和她父亲的合影。 看上去林先生(徽因)当时只有十五六岁。 啊,我终于见到了这位美人。 我不想用细长的眉毛,大大的眼睛,双眼皮,长睫毛,高鼻梁,含笑的嘴,瓜子脸……这样的词汇来形容她,不能,在我可怜的词汇中找不出可以形容她的字眼,她给人的是一个完整的美感:是她的神,而不是全貌,是她那双凝神的眼睛里深深蕴藏着的美。"

萧乾夫人、著名作家文洁若也赞叹说:"林徽因是我平生见过的最令人神往的东方美人。 她的美在于神韵——天生丽质和超人的才智与后天良好高深的教育相得益彰。"

说了这么多,意思无非是,林徽因生得很美、气质又好,既有照片铁证如山,又有无数名人粉丝的文字加以佐证。 大概,这也是她一生男人缘极佳、而女人缘奇差的根本原因所在吧。

我挥一挥衣袖，
不带走一片云彩

二

林徽因一生光彩照人，处处众星捧月。 给人印象，仿佛是一个天生的公主。 这话也没错。 她因为冰雪可爱，打小就被父亲视作掌珠。 然而，她的童年却也颇有几丝阴霾。 她的优秀是靠了父亲的培养，而她的阴影也是来自于父亲。

她爹林长民，学问很不错，也有政治抱负，自负是"治世之能臣"。 他一生都孜孜不倦地走在从政的道路上。 最大的官，做到了北洋军阀政府的司法总长。 但内心深处，林长民又是个十分渴求爱情的浪漫男人。

他有一句流传后世的诗："万种风情无地着。"他还做过一件相当雷人的"浪漫"事：和徐志摩玩互通情书的恋爱游戏！ 具体方式是角色扮演：林长民自己扮作一个叫"苣冬"的有妇之夫，徐志摩则扮成一个叫"仲昭"的有夫之妇。 两个人在信中互诉欲爱而不得的痛苦。

林长民的信写得极尽缠绵，不知徐志摩当时作何感想。 后来他开玩笑说：这信写得情真意切，比他（林长民）编的那些大部头好看。

林长民何以要提议玩这个匪夷所思的游戏？ 这确实让人费解。 （腐女们不可瞎想，其中绝对没有断臂山）若说是以书信来抨击旧传统、倡导自由恋爱的风气，可这些信件当时又只是私下往来啊。

后来，一位非常八卦的顾颉刚先生，经过一番调研，考证说徐志摩扮演的"仲昭"实有其人，是浙江石门的一位已嫁的徐女士，应该是林先生的恋人。

这种说法比较可信。因为"苣冬"就是林长民自己的号，而"仲昭"就是他的心上人了。当时，难以排解相思意的林先生，只不过是顺手抓了个擅长写情诗的小诗人，来充当梦中情人的替身罢了。

不晓得徐志摩后来是不是反应过来了。在林长民去世后，他把这信翻出来发表，结结实实地雷翻了一国老小。小徐，还真是有点不厚道。

林徽因的亲爹是如此富有想象力、内心如此浪漫的一个人。而林徽因的亲妈又是什么样的呢？她生于嘉兴一个小作坊主的家庭,没见识,暴躁,还是文盲。 作为夫妻,这两个人的交集太少,她又不会温柔手段,怎么可能琴瑟和谐?

所以,林徽因一出生,就面临着父母的感情危机。

林徽因两岁时,父亲又纳了可人的小妾。 小妾很乖巧。 乖巧的女人比彪悍的女人更危险。 林先生的心很快就完全倾向了那一房。

到林徽因懂事时,已经成了这样一番局面:父亲和二娘带着三个弟弟和一个妹妹,住在宽敞明亮的前院。 而林徽因和母亲,单独住在阴仄潮湿的后院。

母亲已经被打入冷宫。 小女孩羡慕地看着前院温暖的灯光,那是和美亲热的一家人。 而回过头来,是母亲暴戾凄凉的面容。

这样的伤痕,一定深刻地印在了她稚嫩的心灵里。

虽然父亲和祖父母都宠爱她、看重她,没有世态炎凉的眼色落在她身上。 她可以买最漂亮的时髦衣服,受最好的西式教育。 可是,没有什么比父母感情的破裂,更能伤害一个孩子的心了。 就像父母离婚了,跟孩子说:“我们永远都是你的爸爸、你的妈妈。”可是孩子仍然很受伤,他知道:爸爸和妈妈不再完全是自己的了,世界上也不再有真正安全的地方了。

“被抛弃的母亲和孩子”是林徽因的一个隐秘情结。 她说:我恨爸爸不爱妈妈,但也恨妈妈的不争气。 后来,她还以此为题材写了一篇小说。 我想,当她获悉徐志摩真的为她而离婚时,心里除了吃惊、感动和虚荣心的满足,也会浮现起丝丝缕缕的不安。 被抛弃的张幼仪母子,映照出她内心埋藏的童年阴影,让她本能地抗拒,这份以他人的惨淡命运换来的爱情。

这,或许是她拒绝徐志摩的原因之一吧。

在此后的很多年里,午夜梦回,对张幼仪母子的歉疚仍然时时萦绕心头。 以至于临终前,她做出了一个奇怪的举动,让人把张幼仪母子请来。 这时距当初的纠葛已经过去了二十多年,早已淡忘前尘的张幼仪一头雾水。 而病入膏肓的林徽因依然耿耿于怀。 她应该是早就想看看他们了,只是以前碍于种种眼光未能如愿。 现在,她自知命不久,便一定要了夙愿。

然而,她盯着张幼仪和她的儿子左看右看,却终究什么也没有说出来。

她是不是在儿子的脸上寻找父亲的轮廓?

她没说出口的话,会不会是:对不起……

因为,那种被抛弃的感觉,感同身受。

不过话又说回来,林徽因毕竟还是幸运的。 母亲活得失败,她却一直很受宠。 由于她冰雪可爱且肖似祖母,林老夫人很疼爱她,从小就把她抱在自己跟前带,根本不要儿媳妇插手。

此举肯定增加了林母的怨恨,脾气也愈加地坏。 不过,林徽因却也受到了书香门第正统的抚育,举手投足间落落大方的气度,是标准名门闺秀的范儿。 及至懂事后,她熟读诗书,悟性超群,和父亲对答极为聪敏伶俐,不仅仅赢得了父亲的喜爱和重视,更被父亲视为知音!

林长民对这个女儿爱如珍宝。 女儿 12 岁时,林长民把她送到培华女子中学读书。 这是一所教会学校,林徽因在这里接触西方文化,并学会一口流利的英语。 加上在父亲西化开明思想的潜移默化下,她的眼界见识愈发不同于一般女孩,算是先锋"才二代"。

眼见徽因一天天长小美女兼小才女,林长民的挚友梁启超,也注意到了她,有意给儿子梁思成牵线。 两个家长就乐呵呵地口头定了亲,当然以他们的做派,将来儿女不乐意,也不会勉强。

这一年,林徽因 14 岁。 正如一个含苞待放的花骨朵,对未来充满了新鲜热切的幻想和渴望。

三

在林徽因度过无忧无虑的少女生涯时,中国发生了一件大事。

1919 年,巴黎和会召开。

和会作出了一项决定:山东不是被德国占领了吗? 德国必须交出来。 但是不还给中国,而是拿给英、法、美、意、日五家瓜分,主要利益由日本"继承"。 这个决议被政府暧昧地遮掩着,打算偷偷地签字画押同意了。 不料,林长民一伙耳目灵通的政治积极分子得悉后,立刻麻利地通报给国内主流媒体《晨报》。 顿时舆论一片哗然。

这时,段祺瑞政府已经下台,所以段祺瑞的司法总长林长民,其实已经是在野的了。 不过,怀揣着一腔爱国激情的林长民,依然积

《挥一挥衣袖，
不带走一片云彩

极在民间活动着。好友梁启超以私人身份跑到欧洲去开展"民间外交"，林长民就担负着巴黎和会"外情内达"的耳目作用。一方面把和会的消息第一时间通报给国民，一方面发现政府有服软退让的倾向，就马上发表社论，或列出请愿条款，督促驻法公使在和会上捍卫中国的利益。

在林长民等人的努力下，山东即将被瓜分的消息，第一时间就传到了全国人民耳朵里。这个消息导致群情激奋，爱国情绪高涨。林长民署名发表社论《外交警报敬告国民》："今果至此，则胶州亡矣！山东亡矣！国不国矣……国亡无日，愿合我四万万众誓死图之！"这样慷慨悲壮的文字，坚定明晰的立场，确实让我们看到了一个发自内心的爱国文人的形象。难怪，梁启超会和他惺惺相惜，以至于引发了成为儿女亲家的念头。

迫于舆论的压力，以及和会代表的争取，国务院被迫同意拒签和约——大家很欣慰，好歹还是有点骨气的！可杯具的是，这只是没骨气的当权者放出的烟幕弹。当时的总理钱能训又另外偷偷摸摸地发了一份密电，命令中国代表团的首席代表陆徵祥：签约！

如果就这么签了合约，日本轻轻松松拿走山东，中国历史上又多了耻辱的一笔。不过，事情并没有这样发展，其中也有无巧不成书的因素。情况是这样的，国务院电报处受了钱能训之命，给代表团发密电。恰好发电的这位老兄，是林长民的老乡。于是，当晚林长民就获悉了这个惊天巨变的消息。想必，老林一定急得一晚上没睡着觉，第二天天刚亮就找组织汇报了。这一天是1919年5月3日。

155

汇报的直接后果就是——五四学生大游行。

五四运动的直接后果是——政府想秘密签合约的念头被彻底打破。有了国家撑腰,中国代表团终于扬眉吐气地摔了笔杆子走人了。意外吧? 今天我们大家有五四青年节过,原来还要感谢林老爹啊!

这一刻,是林长民政治生涯中最辉煌的一笔。

不过接下来,他的路就不好走了。因为他严重地得罪了日本,以及亲日派。

1920年4月,林长民被外派到欧洲。虽然这看起来是个悠闲的美差,可实际上是被排挤出局的象征。

聪明如林长民当然心知肚明,但有什么办法? 也只得打好包袱,叹口气,到伦敦上任去也。他又一琢磨,反正到欧洲游历一番见见世面也不错,就带上了引为自豪的长女林徽因一起去。

四

这一年,林徽因16岁,正是新鲜好奇的年纪。被老爹带到异国他乡,多好啊,出国旅游呢。可是,最初的雀跃很快就变成了沮丧。尤其是林长民出远门的时候,就得一个人呆在家里。对于爱热闹的林徽因来说,日子过得特别闷。她后来和沈从文写信回忆说:"我独自坐在一间顶大的书房里看雨,那是英国的不断的雨。我爸爸到瑞士国联开会去,我能在楼上嗅到顶下层厨房里炸牛腰子同洋咸肉。 到晚上又是在顶大的饭厅里(点着一盏顶暗的灯)独自坐着(垂着两条不着地的腿同刚刚垂肩的发辫)，一个人吃饭，一面咬着手指头苦闷到实在不能不哭！"

即便环境优越，也不能消解青春少女的苦闷。 没有手机、没有网络、没有朋友，孤独的女孩子只能干巴巴地趴着幻想。 "理想的我老希望着生活有点浪漫的事发生，或是有个人叩下门走进来，坐在我对面同我谈话，或是同我同坐在楼上炉边给我讲故事，最要紧的还是有个人要来爱我。"

上帝一定恰巧听到了林徽因的牢骚。 很快，她就要遇上一生中最纠结的一个情劫：又想爱又想躲、说不清道不明、斩不断理还乱的徐志摩。

徐志摩那时是个什么状态呢？

他 24 岁，放今天也是读研究生的年纪吧。 所以，不为生计而愁的他，当时正在求学。 先是在美国留了两年学，刚刚跑到英国来。原本是打算拜到英国大哲学家罗素门下，没想到因为罗素个人生活发生变故，这事儿就黄了。 正彷徨着呢，听说林长民路子广，就来拜访他。 林长民热心地把他介绍给大作家狄更斯。 在狄更斯的推荐下，徐志摩如愿进入了康桥大学皇家学院。

康桥，对徐志摩影响至深的康桥，原来背后还有这么个渊源。

因为这件事，徐志摩频繁往来于林家，和林长民成了莫逆之交。性格原本就有浪漫一面的林长民，看徐志摩非常顺眼，可以说是脾气相投吧。 前面所说，徐志摩和林长民假装互写情书的事，就发生在这期间。

徐志摩着了魔一般频频上门,但原动力已悄悄发生偏移——彼时的林徽因,是16岁的青葱年纪,如清水出芙蓉般的萝莉美少女。不知不觉间,徐志摩被她深深吸引了。但,把徐志摩看成是单纯觊觎美色的怪叔叔,绝对是小看了他!

追求"爱、自由和美"的诗人,没有那么浅薄。

林长民作风西派,有客来访,都叫女儿一同陪客座谈。如果徐志摩来访,他正好不在,就由林徽因代为接待。林徽因毫无扭捏之态,落落大方地和徐志摩交谈。我们今天,只看得见照片上她秀美贞静的模样,其实林徽因有着非常热烈的性格和滔滔不绝的口才。

这从李健吾形容林徽因的话,可见一斑:"她缺乏妇女的幽娴的品德。她对于任何问题(都)感到兴趣,特别是文学和艺术,具有本能的、直接的感悟。生长富贵,命运坎坷,修养让她把热情藏在里面,热情却是她生活的支柱。喜好和人辩论——因为她热爱真理……"

有人形容,林徽因一旦开始说话,浑身就仿佛披上一层光芒,吸引着人眼睛一眨不眨地盯着她,对她说的每一个字都心悦诚服。美国著名学者费正清形容她:"就像一团带电的云,裹挟着空气中的电流,放射着耀眼的火花。"

我琢磨着,林徽因口才之佳,许是到了于丹教授的境界,况且还有着美少女的外表。于是,她宛如一把光芒四射的宝剑,瞬间就把徐志摩给捕获了。

我挥一挥衣袖，
不带走一片云彩

　　纵观徐志摩一生有纠葛或绯闻的女子，无一不是美貌与才情兼备：譬如陆小曼、凌叔华、曼殊菲尔、赛珍珠……他最抵抗不了的，就是美丽面孔之下有一个优秀的灵魂。所以，优雅美丽又才华横溢的林徽因，注定会迷倒徐志摩。

　　林长民见徐志摩为女儿的谈吐所倾倒，虚荣心大大满足，高兴地鼓励他多多和林徽因交谈："做一个天才女儿的父亲，不是容易享的福，你得放低你天伦的辈分，先求做到友谊的了解。"

　　没错。原本，林徽因是把徐志摩当成"徐叔叔"的。但在今天，女学生也可能不知不觉地爱上男老师。情窦初开的年纪，正满心渴望一场恋爱,上天就送了个风度翩翩的大诗人来到她面前。 况且,他还是那样地欣赏和迷恋她。 她的潜意识中,当然不会也无法拒绝,这样一场美好的际遇。

尽管,她的理智拒绝给这份感情,冠以"恋爱"的定义。 但实际上,她仍然和徐志摩交往了下去。 以一种比较现代和纯洁的方式。

他们一起呆在温暖的壁炉旁,谈论诗词及其他,感受灵魂的共鸣和心灵的愉悦。 徐志摩回剑桥上学时,他们就天天通信。

没有证据表明,林徽因的举止有任何逾矩的地方。 但肯定的,她也没有收敛自己的魅力,刻意和徐志摩保持距离。 相反,她一定还揣着难以言说的少女之心,下意识地尽量想令徐志摩对自己更为迷恋。 公平地说,这只是一个女孩子的本能。

但就在这种接触之中,徐志摩对林徽因的感情彻底失控。

这份感情突如其来,但是已经令他深深地陷了进去。 对他而言,林徽因就是"爱、自由和美"的代言,是他苦苦寻觅的"灵魂之唯一伴侣"。 他给她写信、写情诗,毫不保留地倾吐着自己炽热的爱意:"如果有一天我获得了你的爱,那么我飘零的生命就有了归宿,只有爱才能让我匆匆行进的脚步停下,让我在你的身边停留一小会儿吧,你知道忧伤正像锯子锯着我的灵魂。"

徐志摩的表白,让林徽因非常纠结。 她不是不被他吸引,不是不喜欢他,只是他的身份让她感到压力太大。

没错。 此时的徐志摩,不但已经结婚,还是一个孩子的父亲。

而他的妻子张幼仪,肚子里正怀着第二个孩子! 迫于家里的压力,徐志摩这时已经把妻子接到了剑桥同住。 所以,林徽因委婉地回信说:"我懂得/但我怎能应和。"

但徐志摩持续不断的情书攻势,令她怦然心动。 她终于松口说:"我不是那种滥用感情的女子,你若真的能够爱我,就不能给我一个尴尬的位置,你必须在我与张幼仪之间作出选择。 你不能对两个女人都不负责任。"

揣摩林徽因的心思,她用了"不负责任"的说法,可见其实她对于徐志摩以已婚身份向自己求爱,是颇不以为然的。 她抗拒他的这种姿态。 虽然徐志摩的信写得热情如火,她心里却始终绷着一根理性而否定的弦。 对于是否要和徐志摩在一起,她恐怕从头到尾就没有真正下定过决心。 当时的情况,真的很像是怪叔叔诱拐小萝莉! 理智而谨慎的林徽因,不会容许自己的人生犯下这样的大错。

她喜欢徐志摩,但没有真的想过要穿破层层障碍,嫁给他。

所以,要求徐志摩离婚,或许只是林徽因亦真亦假的一句玩笑话。 一方面,她觉得徐志摩不可能为了她抛弃妻子,所以用这句话来婉拒。 另一方面,她潜意识里,或许也是在考验徐志摩对自己的爱情,到底肯付出多少。

由此,她轻轻一拨,把皮球踢回给了徐志摩。

此时,林徽因性格中那种拒绝向欢愉屈服、坚持走理性路线的方面,已经初步显现出来了。

然而,她没有想到。 徐志摩竟真的是为她痴狂了,什么血本也肯付出!

离婚？ 名分？ 徐志摩完完全全地都愿意给她。

所以，徐志摩拿到这封信，应该是欢喜多于纠结吧。 他以为他的爱情，终于有了一线希望！端庄持家、孝敬公婆的妻子，又正有着孕。 就算徐志摩恶声恶气，妻子也温柔隐忍。 换了大多数出轨男人，恐怕都要心软。 可惜张幼仪运气不好，偏偏碰上了徐志摩。 这种性情至上的男人，对爱的人付出一切再所不惜，对不爱的人却冷血得令人发指。

徐志摩催促张幼仪，打掉孩子，立刻离婚。

张幼仪说，很多人做流产手术都丢了命(当时是那个医疗条件)。

徐志摩冷冷说，那坐火车还要出事故呢，你也不坐火车了？

相信张幼仪如果上天涯，写一个《怀孕三个月老公出轨 逼我打胎离婚》的帖子，保证能赚得舆论压倒性的同情。 然而，我也相信无论旁人如何指摘，徐志摩也不会改变自己的心意。 因为，他就是那种，会为了爱情疯魔的男人。

对女人来说最恐怖的事，莫过于遭遇"徐志摩式出轨"。 这种男人非常优秀，重情重义，朋友们交口称赞。 即便他不爱你了，你也不忍指责他，反而由衷地理解他、心疼他。 因为不爱你，并不是他的过错，而只是你的伤口。 徐志摩的可怕之处在于，即便他背叛了女人，女人却依然爱他——张幼仪就是如此，生完第二个孩子后，她终于下决心成全徐志摩，签协议离婚。 然而，她此后依然侍奉徐家公婆，一生始终爱着徐志摩。 她始终不恨徐志摩，却怪林徽因。 因为她不肯嫁他，辜负了他，令他痛苦。

张幼仪的故事，是今天的女人难以理解的，另一种传奇。 回望他们的故事，让人对小三、原配、出轨男等热门词汇，多了另一番摒弃义愤、沉淀况味的理解。 围城内外，是道义重要，还是爱情重要？ 或许，当时间流逝，是每个人的心安理得最为重要。

五

徐志摩一面跟张幼仪闹离婚，一面向林徽因倾吐着浓烈的爱意。 这时，林徽因隐隐知道事情闹大了，有点害怕了。 毕竟只是十六七岁的女孩，就拿着信找老爹了。 林长民一看，哟，这情书写的，真够劲爆的。

普通家长要是发现自己一已婚有孩的朋友，竟敢勾搭自家未成年女儿，多半要大怒，不追上门去讨个说法，断交总是免不了的。 不过林长民不是一般人啊。 他一点没动怒，只是亲自回了封信："阁下用情之烈，令人感悚，徽亦惶惑不知何以为答，并无丝毫嘲笑之意，想足下误解了。"瞧瞧，客客气气，尽显风度——不过，毕竟是拒人千里的明确态度。

林长民虽然开明，但在女儿的婚事上，还是很理智的。 好歹是名门闺秀，破坏别人家庭、嫁个二婚男，以后要被戳脊梁的呀。

1921 年 10 月，林长民回国，带着林徽因悄然离开伦敦。

离开雨雾蒙蒙的伦敦，回到七大姑八大姨的大家族里，那一场恋情更显得像雾像雨又像风了。 林徽因有些怅惘,但她更知道什么是理智的选择。

回国后,家长们开始安排林徽因和梁思成接触。

这个大她3岁的世交之子,林徽因是出国前见过一次的。 她并不知道,那一次,梁思成就对她有了很深的印象。 他们的女儿后来回忆说,梁思成17岁时,到林家去拜访。 见14岁的林徽因亭亭玉立,"双眸清亮有神采,五官精致有雕琢之美,左颊有笑靥。 她翩然转身告辞时,飘逸如一个小仙子,给父亲留下了极深刻的印象。"

梁思成对林徽因,算是情有独钟。

林徽因对梁思成也很满意。 他温文有礼,书卷气浓重。 由学问人品一流的梁启超教导,品格谈吐当然不差。 于是,他们稳打稳扎地,从定亲阶段步入相亲阶段,接下来又顺理成章地步入恋爱阶段。

梁思成对她的喜爱不疾不徐,像春阳一样和煦。 像哥哥一样,让着她宠着她,她大大小小的要求都尽力满足。 在他身边,感觉很温暖。 可以想见,今后一生他都会好好地保护她。

那个热烈的诗人,从此就深深埋到心底吧。 林徽因告诉自己。

当徐志摩离婚的消息传来时,林徽因受到了很大的震动。

震撼,惶恐! 这一刻,她当然是证实了:徐志摩对她的爱是真心实意,竟肯付出这样巨大的代价。 肯定是欢喜而感激的,但更是不安和惶恐的。 带着两个孩子的张幼仪,终究是因她被抛弃了。 这挥之不去的一道阴影,映照着童年母亲凄凉的面容,牢牢生长在她心里，无法忽视。

我不杀伯仁，伯仁却因我而死。

很快，徐志摩匆匆赶回北京。 为此，他放弃了苦熬两年、就要到手的剑桥大学文凭。

林徽因很清楚，他是为她而来的。 这时徐志摩已离婚，自己和梁思成只是谈恋爱。 如果她真有决心，是嫁徐志摩的最佳时机。如果换做是陆小曼，一定会不管不顾追随而去，背负骂名也罢，要做一对同命鸳鸯！

但林徽因不一样。 她骨子里的理性信念，高于一切。 她虽然喜欢被异性追捧仰慕，但关键时刻心底又浮现出强烈的道德感，护佑着她坚定地走在贤良淑女的路上。 费慰梅回忆说："这些年徽因和她伤心透顶的母亲住在一起，使她想起离婚就恼火。 在这起离婚事件中，一个失去爱情的妻子被抛弃，而她自己却要去代替她的位置。"对于林徽因来说，这怎么可能、怎么可以？

徐志摩的狂热让她害怕，所以她沉默地躲到梁思成身后。

这里安全而正大光明，没有鄙夷却受到祝福。

风尘仆仆的徐志摩，一回来看到的就是林徽因和梁思成相依相伴的身影。 他心里一沉，知道传言是真的。 心上人已经另有佳偶。 他的处境很尴尬，心情很郁闷。 如果他也去写篇帖子《我为她离婚 她却投入别人怀抱》，不晓得会不会被幸灾乐祸的网友拍死？

不过，天性乐观的徐志摩根本不想那么多，厚着一张笑嘻嘻的脸皮,黏上去准备继续追林徽因。

这时,长辈们看不下去了。

梁思成他爸梁启超,是徐志摩的老师。 看着弟子气势汹汹要来抢准儿媳,生怕老实的儿子吃亏,赶紧写了封信给徐志摩。 意思是说,你这么做,自己不见得能讨了好去,但肯定要让几个人都痛苦的,何必呢?

情场如战场,徐志摩根本不买账。 他回信,写了一句很有名的话:"我将于茫茫人海中访我唯一灵魂之伴侣,得之,我幸,不得,我命,如此而已。"

梁思成有北海公园的快雪堂的钥匙,于是常带林徽因去那里约会。 徐志摩发现了,也常常找来。 多次美好约会,多被居心叵测的徐志摩搅散。 梁思成心里烦死他了,终于有一天开始发飙。 叫你厚脸皮,哥不信赶不走你! 梁思成在门上贴了一张纸条,写着:Lovers want to be left alone(情人不愿受打扰)。

梁公子发飙的方式很文明。 可徐志摩却不好意思再装懂不起。 最关键的,恐怕是因为他来了那么多次,林徽因都没有给他一个鼓励的信号。

他快快的,很不甘心地离去了。

徐志摩的自信,在林徽因强大的理智面前,碰了一鼻子灰。

林徽因始终站在梁思成身旁。 对徐志摩的努力,她只是静静注视,不拒绝也不给任何机会。 她并不清楚,自己是否爱徐志摩。 但是她以理科女生的清醒,很确定为爱情抛弃妻子的徐志摩,绝不是她要托付终身的那个人!

林徽因理想的恋情,就是要像和梁思成那样,清爽干净的。

他们一起在清华大学里漫步,看音乐演出。 一起逛太庙,梁思成忽然不见了。 林徽因到处找,却听到梁思成在头顶上喊他,原来他爬到树上去了! 她乐了,谁说梁哥古板? 还是很调皮嘛。

这期间,发生了一件意外:梁思成出车祸了。

1923 年 5 月 7 日,梁思成兄弟骑着摩托上街参加游行,不料被当时一个权贵的小汽车给撞了。 林徽因又急又慌,这位大小姐还是第一次碰到这样的祸事呢。 不过,她立刻体现出了身为女朋友的素质。 每天往医院跑,无微不至地照顾梁思成。 不但削水果带爱心便当,还用毛巾不避嫌疑地擦脸擦身。

这次车祸,给梁思成造成了终身的残疾。 不但跛了一条腿,脊椎也受损,需要一直穿着协和医院制作的"钢背心"。

若说有因祸得福的一面,那就是经此一难,两个人的恋情更为甜蜜稳固了。

六

而贼心不死的徐志摩,仍在伺机骚扰,谋求见面机会。

1923 年,徐志摩和胡适、梁启超等创办新月诗社,林徽因父女都受邀前去。 有了新月社这个由头,徐志摩就常来找林徽因——今天社里有书画活动,徽因一起来吧。 明天有戏剧表演,徽因记得参加哦——林徽因本来就爱热闹，又聪颖好学。 受徐志摩影响，也喜欢上写作新诗。 所以，她成了新月社的常客。

诶，追女孩子，把她培养出和自己一样的爱好，真是高招！

1924 年 4 月，新月社迎来了一个重头戏。

诺贝尔文学奖得主、印度大诗人泰戈尔要访华了！

大家知道，新月社就得名自泰戈尔诗集《新月集》，渊源十分深厚。 所以，接待工作当然是由新月社来做。 诗艺精湛、英语流畅的徐志摩担任首席翻译官，先到上海去接泰戈尔。 说起来，徐志摩的人格魅力真是不同凡响，到达了人见人爱的境界。 在杭州西湖上，赏月谈诗。 徐志摩和白须飘飘的泰戈尔，又成了一见如故的忘年交！

一行回到北京后，徐志摩钦点林徽因担任自己的翻译助理。

林徽因很雀跃地去了。

这个女孩子啊，性格是很活跃的。 这样万众瞩目的机会，能在公众面前展示才艺挥洒魅力，她当然是喜欢的。 有点小虚荣又怎样？ 她确实有这个本钱。 从这个角度看，徐志摩很了解她。 这个gift，送到她心坎里去了。

期间，她和徐志摩陪着泰戈尔东走西看，还一起排演了泰戈尔的诗剧《齐德拉》。 林徽因饰演齐德拉公主，不但扮相美丽，英语台词也很溜。 一时引起轰动。 当时媒体盛赞："林小姐人艳如花，和老诗人挟臂而行，加上长袍白面、郊荒岛瘦的徐志摩，犹如苍松竹梅的一幅三友图。"

期间，泰戈尔已完全被徐志摩收买，一心想要撮合这个中国情圣和他痴恋的美丽姑娘。为徐志摩的痴情动容的泰戈尔，写下了一首诗：

天空的蔚蓝，

爱上了大地的碧绿，

他们之间的微风叹了声 哎！

期间,林徽因心情大悦,笑靥如花。 由于这段时间朝夕相处,她和徐志摩的感情也迅速升温。 仿佛时间倒流,他们又回到了伦敦壁炉旁的亲密时光。

徐志摩心花怒放,一切看起来大有希望。

某个夜晚,月色朦胧。 他按捺不住澎湃的爱意,把林徽因约了出来。 他再次倾吐了自己的心意,希望林徽因能做他的爱人。

然而,他错误估计了形势,这时林徽因和梁思成的感情已经稳定了。 他也低估了林徽因。 她喜欢他,也喜欢这段时光,但还没有喜欢到放弃人生信念的地步。

并且,她还给了他当头一棒。

林徽因说,她马上就要走了。 和梁思成一起,去美国留学。 她不会做他的妻子,他们面临的唯有分离一条路。

林徽因的心意从未真正动摇过。 不错,她被徐志摩深深吸引,和他在一起有梁思成无法给予的欢乐和精彩。 可是,这一切及不上现世安稳,岁月静好。 那才是她的理想。 徐志摩的离异身份,是一座无法逾越的山。 徐志摩的激烈热情,让一个女人本能地觉得,不安全。

徐志摩要陪泰戈尔去太原了。

林徽因去火车站送行。 明媚的少女挤在人群中挥手,一眼望去,只看见她。 徐志摩突然伤感不能自已,提起笔开始给林徽因写信。 车快开了,信还没写完。 他冲过去,想递给车下的徽因。 可终究没来得及。

徐志摩怅然若失。

泰戈尔的秘书都看在眼里,把信抢过来帮他收着。 几十年以后,这封信的内容才得以公开。 原来,当时徐志摩写的是:

> 我真不知道我要说的是什么话,我已经好几次提起笔
> 来想写,但是每次总是写不成篇。这两日我的头脑只是昏
> 沉沉的,开着眼闭着眼都只见大前晚模糊的凄清的月色,照
> 着我们不愿意的车辆,迟迟地向荒野里退缩。离别! 怎么
> 的能叫人相信? 我想着了就要发疯,这么多的丝,谁能割得
> 断? 我的眼前又黑了!

看到这里,我都不禁要替徐志摩叹息。 其时其景,他真是被折磨得失魂落魄。 他很明白,经此一别,两个人怕是真的再无可能了。 前几天还在憧憬的云端飘着,此时就面临真正的"离别"!

至此,徐志摩对林徽因,是真正不抱希望了。 他和梁思成激烈的交手,算是暂告一段落。

多年以后,林徽因写了《那一晚》。 不知,浮现在她心里的,是否是那一晚的离别?

> 那一晚我的船推出了河心,
> 澄蓝的天上托着密密的星。
> 那一晚你的手牵着我的手,

迷惘的星夜封锁起重愁。

那一晚你和我分定了方向，

两人各认取个生活的模样。

到如今我的船仍然在海面飘，

细弱的桅杆常在风涛里摇。

到如今太阳只在我背后徘徊，

层层的云影留守在我的周围。

到如今我还记得那一晚的天，

星光、眼泪、白茫茫的江边！

到如今我还想念你岸上的耕种：

红花儿黄花儿朵朵的生动……

七

年少的时候，不惮于辜负。

徐志摩对她太好、太主动，她反而迟疑着、挑剔着。自然是因为不曾经历过苦难，无从体会对方的痛苦。更重要的，是因为她自觉拥有的，已经教她满意了。

梁思成，真的十分爱她、宠溺她。

　　梁思成曾问她，将来想学什么。徽因说学建筑。因为伦敦的女房东是个建筑师，所以林徽因立下了学建筑的志向。梁思成此前听都没听说过这门学科，愕然问：是 house 还是 building？林徽因笑着回答，应该是 Architecture 吧。

　　于是，梁思成就决定，和她一起学建筑。

　　他的一生都献给了建筑学，后来成了著名建筑学家。

　　男友这样重视自己，她当然是欣慰的。

　　1924 年 6 月，他们一起去美国留学。最后是双双去了宾夕法尼亚大学。可惜人家的建筑系不收女生，林徽因只好改学美术，曲线实现抱负。

　　看似很和谐，其实也有不愉快。

　　因为，梁思成的妈妈和姐姐，一直很反对这门婚事。她们看不惯林徽因抛头露面的张扬做派。尤其是泰戈尔访华期间，林徽因登上娱乐版头条，还和绯闻对象徐志摩被称为"金童玉女"。她们估计是脸都气白了，只觉得丢人。

　　未来婆婆反对，林徽因并没有太放在心上。毕竟男朋友和未来公公，都坚定地站在她这边。反正年纪还小，她也不着急结婚。不如先立业，再成家。两个年轻人拍拍屁股走为上计，等待时间自然缓解矛盾。

　　林徽因没想到，这个矛盾很快就消失了。以一种意外的方式。可是，却多多少少冲击到了她和梁思成的关系。

　　他们刚到美国，梁妈妈的乳癌就复发了。家里人给梁思成发

173

电,让他速速回国,见最后一面。 这个时候,恰恰林徽因躺在床上发高烧,他走了就没人照顾。 梁思成很纠结:妈妈和女友,照顾哪一个? 这个千古难题,居然被他不走运地给碰上了。

经过一番痛苦选择,梁思成还是没有走。

这个时候,林徽因真的从心底里感动了。 过日子,什么风花雪月都是假,打心眼里疼老婆才是真啊。

很快,消息传来:梁母病故了!

梁思成既伤心又内疚,人消瘦了一大圈。 "有几个月(林徽因、梁思成)在刀山剑树上过活。 比城隍庙十五殿里画出来还可怕。"梁思成饱受折磨,巨大的痛苦也波及到了林徽因。 有段时间,两个人常常吵架。

这一切,令林徽因感到很苦闷。

而更大的痛苦还在后头。

1925 年,突然传来一个噩耗:林长民参加郭松龄讨伐奉系的战役,不幸中了流弹而身亡。 这样巨大的伤痛不言而喻。 像大树一样保护她、像路灯一样指引着她的父亲,就这样突然地永远离去了!

父兮生我,母兮鞠我,抚我育我,养我畜我。

林徽因悲痛不能自已,立刻就要赶回国去。

但是,母亲和梁启超拦住了她。 回去又有什么用呢? 还是以学业为重吧。

这样,林徽因就面临着一个很现实的问题:家里的经济支柱倒了,她求学的资金也就断了啊。 林徽因思量着,打算通过打零工赚学费。

这时，又是梁启超及时伸出援手。 他特地让梁思成转告徽因：以我和林叔的交情，他的女儿就是我的女儿。 何况，你们还有这层关系。 放心吧，你的学费我来出，就当多养了一个女儿。

这话多温暖啊。 雪中送炭，却毫不以此要挟什么。 困境之中的林徽因，发自内心地感激。 梁启超，的确是一个令人敬重的长者。

可无论如何，眼下的事实是：她顷刻就由一个无忧无虑的千金小姐，变成一个寄人篱下的孤女了。

她内心的动荡和迷茫可想而知，孤独感和惶恐感无边蔓延。 和梁思成又不时闹小矛盾。 在极度烦恼之中，林徽因又开始和徐志摩频繁通信了。

有些研究者用"再度打得火热"来形容。 但在我看来，这只不过是一个生活感情不顺的女子，产生了强烈的倾诉欲罢了。 就像很多女性，在遇到失恋、失业的打击时，往往会打电话和闺蜜煲电话粥一样。 不同的是，林徽因一生都没有要好的女朋友，要好的往往都是男性友人。

有个小故事可以说明林徽因的心态。

据说，徐志摩突然收到一封林徽因的电报说，我在美国好苦闷啊，只有你的来电才能让我安慰。 徐志摩喜出望外，一宿没睡着。第二天一大早就冲到邮局，想把熬了一夜写出来的情书，发给徽因。发报员瞅了半天，说了一句话："这位 MISS 林，今天已经有四个人给她发电报了。"徐志摩一看名单：好嘛，都是熟人啊。 不甘心的徐志摩跑上门去，一一对质。 唉，大家收到的信，是一模一样的啊。

原来，是小姑娘恃着大家的宠爱，调戏一下大哥大叔们，缓解一下内心的苦闷。 仅此而已。

徐志摩七窍玲珑，岂会不明白？ 虽然鸿雁往来，看似热闹。 但他清楚地知道，徽因是不会来到他身边的。 一切只是泡影。

1926 年，徐志摩和陆小曼结婚。

林徽因在美国获悉这个消息时，应该也是怅然若失的吧。

他苦苦恋慕她时，她抵死拒绝。 带着少女隐秘的喜悦和优越感。

他转身他就了，她却蓦然记起了他的好。 那独一无二的热烈、才华、笑容。

胡适访美时，林徽因给他写信： "只盼他（徐志摩）原谅我从前的种种不了解……我昨天把他的旧信一一翻阅了。 旧的志摩我现在真真透彻地明白了，但是过去的……我只求永远纪念着。"

此情可待成追忆，只是当时已惘然。

不论男女，人同此情。

八

1928 年春，林徽因和梁思成在加拿大温哥华结了婚，然后到欧洲度蜜月，慢慢游览古建筑。 8 月回国，双双在沈阳东北大学建筑系任教。

那时林徽因年仅 24 岁，此后十余年，她都是学校里风头很劲的女老师。因为她风姿绰约、打扮新潮，课又讲得精彩。所到之处，学生们都以追星的劲头争相围观。

郭心晖女士回忆说："林徽因服饰时髦漂亮，相貌又极美，真像是从天而降的仙女。林徽因身材不高，娇小玲珑，是我平生见的最美的女子。她讲话虽不幽默，却吸引人。当时我们似乎都忘了听讲，只顾看她人。"

女教授全震寰也回忆："她的英语流利，清脆悦耳，讲课亲切，活跃，谈笑风生，毫无架子，同学们极喜欢她。每次她一到校，学校立即轰动起来。 她身着西服,脚穿咖啡色高跟鞋,摩登,漂亮,而又朴素高雅。 女校竟如此轰动,有人开玩笑说,如果是男校,就听不成课了。"

即便到了中年,她仍风采依旧:"林女士已经四十五岁了,却依然风韵秀丽……她有一双充满智慧而妩媚的眼睛,她的气质才情外溢。 我看着她心里暗暗赞叹,怪不得从前有过不少诗人名流为她倾倒!"

天生丽质难自弃。 真正的美女,年华老去也动人。 更兼裹着一身浪漫的传说,生生就是一个传奇。

有人怀疑,林徽因和梁思成的婚姻,是不是真的幸福。

换句话说,怀疑林徽因是不是真的爱梁思成。

这个问题实在简单。 林梁两家的家长虽有"定亲"之说,但实际上完全尊重他们自己的意思。 相当于今天的相亲,接下来两个人谈了七八年的恋爱。 在海外相依为命,共同经历了丧父丧母的大变故。 在今天来说,感情基础也是相当扎实的了。 期间,追求林徽因的人多如过江之鲫,不乏名流才子富商。 徐志摩只能说是其中最靠近一线的一个。 但林徽因却坚定不移地,选择了梁思成。

男女之爱,并不是只有风花雪月、干柴烈火。 还有一种爱叫做相知、合拍、志同道合。 要我说,林徽因的聪明就在于,她找了一个既宠爱自己、又能共同面对柴米油盐之琐碎的男人。

林徽因自己已经够耀眼,不需要婚姻也炫目,只要自己过着舒服就行了。

何况，他们的婚姻，还是颇有自己的情趣的。

两个人都是文理兼通的才子才女。 有空时，就爱玩"看谁记性好"的游戏。 互相出题，考哪座雕塑出自哪个石窟啊、哪句诗句出自谁的诗集啊……这种中学生的游戏，他们却一直乐此不疲。

林徽因心情好时，喜欢在晚上写诗作画。 穿着白睡袍，旁边还要点一柱香，插一瓶鲜花。 她眼波妩媚："男人见了我，都会昏倒的哦。"而傻傻的夫君则用理性精神驳斥："不是吧？ 我就没昏倒啊。"林美人只得翻翻白眼，洗洗睡了。

不过梁思成也不是一直这么没情趣，有时人品爆发也会说点甜言蜜语。 比如，当时圈里人都调侃："文章是自己的好，老婆是人家的好。"而梁思成则摇头说不对，应该是："文章是老婆的好，老婆是自己的好。"这马屁拍得有水平啊，应该也是他的真心话。 据说他的论文写好，都要由林徽因润色。 而林徽因去世后，梁公的论文都没有以前精彩了。

其实林徽因作为老婆，还是有缺点的。

首先她性格比较要强，又心直口快，平时脾气有点大。 一般都是梁思成不作声，让着她。 亲戚们都笑说他是个"烟囱"。 当"烟囱"也发火的时候，两个人就会开战。 有一次，梁思成摔门坐火车走了，林徽因在家足足哭了二十四个小时。 梁思成过后也很不安，赶紧从火车上连发了两封电报和一封信，两人才重归于好。 不过，林徽因虽然不够温柔，但是还懂得给老公面子，不在外人面前吵。 如果佣人在旁边，就用英文吵。 对于吵架，她认为："在夫妇之间为着相爱纠纷自然痛苦,不过那种痛苦也是夹着极端丰富的幸福在内的。"

另外,林徽因很高傲,等闲不愿意和一般人说话。觉得浪费时间浪费生命。这样一来,她同家族里那些七大姑八大姨肯定处不好。同理,她也讨厌做家务,觉得浪费时间。没有办法的时候,就拿出专业精神来做家务。据说她画过一张十七个床铺的流程图,标明哪个客人、什么时间来睡。

唉,女人要追求事业,又要兼顾家庭。这个矛盾到现在都存在啊。

总而言之,像梁林夫妇这样,志同道合、甘苦与共的,也不枉是典范了。固然,他们的婚姻少了些石火电光的激情,让林徽因一腔浪漫柔情少了用武之地。但世事哪有十全十美呢?一个硬币的两面,互有利弊。譬如徐志摩和陆小曼倒是激情了,可激情过后不也互相看不顺眼,闹得差点离婚吗?

说到徐大诗人,他马上又要出场了。

林徽因和梁思成二十多年的漫长婚姻里,她曾有过两次精神出轨的历程。其中第一次,就是和这个纠缠半生的"前男友"。

九

林徽因 25 岁时,始终喜爱她、待她有如亲女的公公梁启超病逝。这对一家人来说,又是一个沉重的打击。同一年,她诞下长女再冰。

生命轮回，一悲一喜。

不知是否哺育孩子及醉心事业的双重辛劳，让她发了严重的肺病。东北那地方天寒地冻，着实不适宜休养。所以，1931 年春，她就回到北京香山养病，住在双清别墅里。

那时徐志摩正在北京创办《诗刊》，就常常去看她。现在他是一个遭遇婚姻五年之痒的苦闷男人，和陆小曼闹得很僵。而看着昔日心目中的女神，虽在病中依旧清丽动人，为人妻母后更增风韵。多情诗人的一颗心啊，遏制不住地又重新被点燃了。

而这时的林徽因，身心正是虚弱状态。一来经过这许多年的回味，以前总觉得徐志摩对自己是浅薄的热情，不可靠。后来细细思索，竟然是误解了他，他待自己竟真是一片赤诚，乃至于到现在都没有减退。二来她的理智是不可嫁给徐志摩，而现在两个人都已经各自成家，她的这根弦反而松懈下来了。于是，听凭自己的心意，感受着这份历久弥新的——爱情。

理智的建筑学家林徽因，和梁思成相濡以沫。可浪漫的诗人林徽因，却无法不受到徐志摩的吸引。在香山上，她写了很多诗。其中就包括那首《那一夜》，毫无疑问，那是对徐志摩的经典《偶然》的回应。

后来林徽因病愈下山，徐志摩也经常性地跑到她家去，有时干脆赖着不走了。这一次，梁思成反而大度了许多。大抵是对自己的婚姻有大自信，并且看这位"难兄难弟"实在可怜吧。

如果故事发展下去，会有怎样的结局呢？林徽因对于徐志摩和梁思成,都是有爱的,虽然是不同的爱。 这一次,她又会做出怎样的选择?

然而,现实不容我们假设。

一切戛然而止,以一种意外而惨烈的方式。

1931 年 11 月 19 日,林徽因要在协和小礼堂为驻华使节讲中国古代建筑。 这是一个荣耀的时刻,徐志摩说好了要来听。 然而,她的目光不断逡巡,都没有找到那张熟悉的面孔。

随后一个消息,令她如遭雷击:徐志摩在乘机赶来的路上,飞机遇雨失事了。 飞机触落在南党家庄开山,诗人当场身亡。

梁思成不愧是大家做派,不计前嫌,和金岳霖、张奚若赶到徐遇难处处理后事。 还带了一片飞机残骸,给林徽因作纪念。

这片残骸,一直被她挂在墙上,直到病逝。

徐志摩的突然离世,林徽因心里肯定是有着巨大悲恸的。 因为之前,两人的恋情已经到了很"危险"的状态。 就连林徽因的儿子梁从诫后来谈起,都不免失去风度,交织着愤恨和幸运之感。 "我一直替徐想,他在 1931 年飞机坠毁中失事身亡,对他来说是件好事,若多活几年对他来说更是个悲剧,和陆小曼肯定过不下去。 若同陆离婚,徐从感情上肯定要回到林这里,将来就搅不清楚,大家都将会很难办的。 林也很心疼他,不忍心伤害他,徐又陷得很深。 因而我一直觉得,徐的生命突然结束,也算是上天的安排。"

徐志摩在世时,她时时克制自己的感情;眼下多情的诗人回到天堂,她也不必再隐忍什么了。 这从她几次三番跑去讨要徐志摩的

我挥一挥衣袖，
不带走一片云彩

"八宝箱"就可以看出来。

徐志摩生前曾把自己的日记等隐私文本，锁在一个小箱子里，交给绯闻女友凌叔华保管。林徽因后来知道了，就去讨要，想看看徐志摩是怎么写自己的。没想到凌叔华是个好奇心很强的女人，早就撬开锁偷看过了。现在，她见千方百计都推脱不掉，干脆把日记中关于林徽因的部分都撕光光了才给她。

林徽因固然气得要命。但也可推测，徐志摩在日记里一定是记下了对林徽因浓浓的爱慕之情，和饱受折磨的心路历程。凌叔华气不过，偏不要林徽因看了得意，才故意撕去的。

有一次，林徽因和梁思成外出考察时，路过徐志摩的家乡。她独自站在夜色里，回想起往昔的一幕幕，不由伤感万端。她后来在《纪念志摩去世四周年》里写道："如果那时候我的眼泪曾不自主地溢出睫外，我知道你定会原谅我的。"

她给胡适写信："这几天思念他（志摩）得很，但是他如果活着，恐怕我待他仍不能改的。事实上太不可能。也许那就是我不够爱他的缘故，也就是我爱我现在的家在一切之上的确证。志摩也承认过这话。"

第二年志摩忌日后不久，她又写下一首诗《别丢掉》，毫无保留地倾吐心声：

　　别丢掉

　　这一把过往的热情，

现在流水似的，

轻轻

在幽冷的山泉底，

在黑夜在松林

叹息似的渺茫，

你仍要保存那真！

一样的月明，

一样是隔山灯火，

满天的星，

只有人不见，

梦似的挂起，

你问黑夜要回

那一句话——你仍得相信

山谷中留着

有那回音！

十

接下来继续八卦林徽因的第二段婚外恋，男主角就是众所周知的大哲学家、为她终身不娶的金岳霖。

在林徽因怀第二子从诫的时候，梁思成经常外出考察不在家。

悄悄的我挥一挥衣袖，
不带走一片云彩

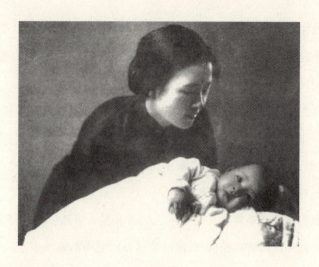

单身汉老金就常常登门照顾她，在她愁肠百结时温言开导。因此，林徽因一时产生了浓浓的依赖情绪。等梁思成一回来，她竟然很苦恼地跟老公说："我同时爱上了两个人，怎么办？"一向克制理性的徽因，竟然为了别人来摊牌？梁思成一下子懵了。他痛苦地辗转反侧一夜，很有风度地回答妻子："你是自由的，如果你选择金岳霖，那我祝你们永远幸福。"

林徽因一五一十地告诉老金。老金更有风度，立刻说："看来思成是真正爱你的。我不能去伤害一个真正爱你的人。我应该退出。"

这事就完了。老金照样是他们家的好朋友。

大家看这段故事的时候，感觉如何呢？我是觉得，如果不是林徽因一反常态、咋咋呼呼地跑去跟老公说那么一句话，这件事根本不会被"载入史册"。关键就在于，林徽因这事处理得，十分反常。

她和徐志摩纠缠多年，一直克制隐忍，欲盖弥彰；难道和老金聊了几个月天，就爱到必须要离婚改嫁的地步了？

完全不是那么回事！

其实，只要注意一下这起所谓"婚外恋"发生的时间就明白了：1932 年。这时距徐志摩罹难尚不足一年。林徽因，其实还没有从巨大的创伤中复原吧。我的理解是：和老金的"婚外恋"，其实是她对徐志摩的爱的变相延续。

我们常常会观察到这样一种现象，如果某人对 A 产生了爱意，然而由于种种原因遭到挫折，很可能会在短时间内迅速地爱上 B。因为，A 已经打开了她的心扉，把她从一般状态的平原推上了恋爱状态的高地。在这种状态下，她对爱情病毒没有免疫力，并且还会焦渴地迅速寻求一份新爱情，来缓解内心的失衡。

换一句话来说，林徽因从来就没有真正爱过老金。老金只不过是适逢其时、被她抓来治愈创伤的一剂良药。这一次过家家般的婚外恋经历，帮助她从徐志摩死后的应激状态中缓过来，回到正常的生活轨道上来。

其后，她对徐志摩压抑多年的深沉爱恋和巨大伤痛，才如一幅珍藏多年的心爱画卷一般，慢慢地、隐晦地舒展开来。

这才是她真实的内心。

除了和梁思成相濡以沫的伉俪深情之外，她深藏内心的挚爱，从头到尾就只有徐志摩一个。

老金或许是真的爱林徽因吧。不然也不会终身不娶了。

他是徐志摩带来的朋友，不想也抵挡不住林徽因的魅力，爱上了她。 他们一起谈论的话题，也常常是对志摩的怀念。

他们两个，一个是有意而克制守礼，一个是多情而实则无意。 所以，才可以做一辈子的知己。 如果说男女做友人，必有一个要忍住委屈、作出牺牲，那么作出牺牲的一直是老金，而从来都不是徽因。

说到这里，顺便说一下林徽因的沙龙吧。 林梁夫妇由于学问好、人品也很有魅力，所以家里常常聚集了一大群文化圈的名流和精英。 除了徐志摩、金岳霖这种中坚力量，还有张奚若、胡适、朱光潜、沈从文、萧乾、邓叔存、陈岱孙、钱端升、周培源、陶孟和、李济……所谓谈笑有鸿儒、往来无白丁，指的就是他们家了。

林徽因作为沙龙的女主人，风姿翩然、见地精湛，一直是聚会的中心和灵魂。 当时的文坛小辈，蒙林徽因青眼邀请，都会觉得受宠若惊。 萧乾就曾回忆过自己当时那种激动和拘谨的心情。

不过，群星环绕的林徽因，也引起了不少人的嫉妒。 李健吾就评论说："妇女几乎全把她当仇敌。"比如女作家冰心，就写了一篇《我们太太的客厅》来讽刺林徽因，把她写成一个左右逢源的交际花，徐志摩则在其中客串了一个小白脸。 林徽因也不含糊，立刻就把一瓶从山西带回来的老陈醋，送给冰心。

冰心看不上林徽因，一方面固然有身为女性的羡慕嫉妒恨，一方面也是挑剔林徽因的文学造诣不够高。 公平地说，林徽因的诗作虽然远不能和徐志摩比，但也是颇有灵性的。 关键是，人家的专业不是文学，而是建筑学啊！

　　林梁夫妇钻研古建筑，并不是轻轻松松坐在书房里画图，而是跋山涉水、跑遍了半个中国，实地考察出来的。

　　在那个战乱年代，夫妻俩深入人烟罕至的地方。没有骡马的时候，就徒步前进。比不得今天的越野爱好者，身强体壮兼装备补给完善。那时的林徽因一直被肺病困扰，梁思成又跛了一条腿。路途上不但常常断粮，还要防备土匪强盗。林徽因说，那些个时候，一碗黑面条都是了不得的宝贝。找到了目的地的古建筑，林徽因又穿着窄身旗袍，爬上穹顶去做测绘。

　　佛光寺、雨花宫……野外考察的成就斐然。想起来，这个出身富贵的娇女，竟能吃如今一般都市女孩也不能吃的苦，可算是没有浪费自己的天分和生命。

十一

1940年，36岁的林徽因和梁思成，到四川李庄躲避战乱。困厄的生活和心情的烦闷，让她的肺病复发。此后的四年，她都抱病卧床。

步入中年后的林徽因，一直被病痛困扰。更一度被下了病危通知。

切除过一只肾脏后，她的脾气也更加暴躁易怒。了不起的是，梁思成常年以极大的耐心和爱心，精心照顾着她。到了这个时候，才真正佩服林徽因挑选丈夫的眼光了。久病尚无孝子，而患难才见真情。

陈占祥的女儿陈愉庆回忆说，当时梁思成自己身体也不好，可是却已习惯照顾林徽因。每天定时给林徽因打针，无论是静脉注射还是肌肉注射，水平都和专业护士不相上下，那是长年照顾徽因练就的本领。

林徽因无名火起时，他也不再顶嘴了，永远都不温不火，耐心安抚。

拿到食物，自己尝了觉得合适的，才端进去慢慢喂给徽因。

至于徽因房间取暖的炉火，他更是坚持要亲自侍弄。他说，炉火就是徽因的命，稍微凉了就要出大事。所以，他一定要亲自看着。

陈占祥都不禁感叹："这是我见到的真正好男人，好丈夫。都说母亲对儿女的爱才是无私的，我看梁先生对林徽因的爱才是无条件的，义无反顾的。"

　　1955 年,结婚二十七年纪念日那一天,林徽因因肺部感染去世。临终前,她叫护士,说想见梁思成。可惜,当时也因肺结核住院的梁思成,没有来得及见她最后一面。

　　应该还是幸运的吧。她是在丈夫的爱护之下,幸福地离去的。并且刚好躲过了十年浩劫。金岳霖给她写了挽联:"一身诗韵千浔瀑,万古人间四月天。"

　　一代难得的美才女,一生传奇就此写完。

后续——

林徽因的妈，一直跟着她住。 非常长寿，一直活到九十多岁。比女儿女婿都活得长。 最后是梁思成的后妻林洙，给她养老送终。

金岳霖，和林梁一家的关系很好。 林徽因病重后，不复光华容颜，但金岳霖仍然每天都去探望她，说说话，带点蛋糕，然后带两个孩子出去玩耍。 战乱期间一度离散，他竟然说："离开了梁家，我就像丢了魂一样。"可见，他爱的已不只是徽因，而是她的整个家。两个孩子跟他很亲，叫他金爸，最后还给他送了终。

看到这一切的时候，我觉得，很和谐。

今天很多年轻人，与配偶的父母同住都不愿意。 而在那个年代，后辈们默默承担起赡养父母以外的老人的担子，没有争辩，没有不满。 是不是，今天的我们，对自己的权利要求得太多，而把自己的义务压缩得太小？

或许，这是良好的家风，给了孩子们以潜移默化的影响吧。

陆小曼＼因为优秀，所以任性

一

林徽因是美人，陆小曼是尤物。

男人们仰慕林徽因，膜拜有如女神；但却爱煞陆小曼，对她遐想无限。

她们两个同为名门淑媛，自然有很多共同之处：比如出身富贵，自小便受到最好的西式教育。精通外语，谈吐得宜。加上天赋的貌美灵慧，是父母的掌珠。

然而，相似的土壤，却开出不一样的花朵。

八卦的后人总喜欢探究,多情诗人徐志摩的最爱,究竟是林徽因还是陆小曼? 这个问题,恐怕他自己也难以说清。 林陆两人,从来没有正面遭遇过。 她们以不同的姿态,出现在徐志摩不同的生命阶段里,对他有不同的意义。 他对她们,应该是都有过真挚、热烈的爱恋。 但是旁人总是好奇,想把两人拿来 PK 一番。

陆小曼出生于 1903 年,比林徽因大一岁。

论美貌,照片上的陆小曼颇令人失望,远不及林徽因的天生丽质那么有说服力。 但据说真人是极美的,不但肤色白嫩、身姿娉婷,而且妩媚灵动,一双清澈的眼睛尤其善于放电。 但凡见到她的人,都抵挡不住其眼波一转、莞尔一笑。

徐志摩就被迷得神魂颠倒,写诗赞叹她: "一双眼睛也在说话,眼光里漾起,心泉的秘密。"

刘海粟这个西洋画大师,眼光该是很挑剔了。 但他第一次见陆小曼,就被电晕了: "站在我们面前的竟是一位美艳绝伦、光彩照人的少女,啊! 她就是陆小曼!"梁实秋也赞她: "面目也越发清秀端庄,朱唇皓齿。 婀娜娉婷,在北平的大家闺秀里,是数一数二的名姝。"

陆小曼的干女儿何灵琰通过近距离观察,得出结论: "她是一张瓜子脸,秀秀气气的五官中,以一双眼睛最美,并不大,但是笑起来弯弯的……她很少用化妆品,但她皮肤莹白,只稍稍扑一点粉,便觉光艳照人。 她一举一动,一颦一笑,都别具风韵,说出话来又聪明又好听,到现在为止还没有再见到一个女人有干娘的风情才调。"

看来是黑白照片,掩盖了这位"一代才女,旷世佳人"的风华。比较而言,林徽因的五官更为精致美丽,而陆小曼的风情恐更胜一筹。

论家财学识,两人也是旗鼓相当。

陆小曼的父亲陆定,和林徽因的老爹林长民一样,毕业于日本早稻田大学。 并且,陆定还是日本名相伊藤博文的高徒。 回国后当赋税司长,创办中华储蓄银行。 虽然官没有林长民当得大,但是说起家财之丰厚,那是远远超过林家的。(话说,没有这样的财力,也养不出小曼这样能花钱的主儿。)

陆小曼的妈也很了不得,是真正的大家闺秀。 陆小曼古文功底深厚、丹青画作清新俏丽,都是和老妈的严格教育分不开的。 陆妈妈命很苦,生了九个孩子,都先后夭折。 最后剩下陆小曼一个,从小还体弱多病,所以难免娇惯她一些。

和当时的豪门千金们一样,陆小曼受到了最好的教育。

16 岁时,她进入北京圣心学堂读书。 这是一所法国人办的贵族学校,学费高得令人咋舌。 很多权贵的千金们,也在这里上学。 陆小曼在这里非常开心,如鱼得水。 她成绩优异、机灵活泼又能说会道,会弹钢琴、画油画,还写得一手漂亮的蝇头小楷。 同时还精通英文和法文两门外语。 因此,她成了学校里最受欢迎、最出色的学生。

人人都喜欢她。 男生们都叫她是"皇后"。

每次她出门,都有中国的、外国的一大群男孩子簇拥着她。 骄

傲的陆小曼却高高昂起下巴，不屑一顾。 女人的风情，要在异性爱
慕的目光里，才能慢慢打磨出来。 小小年纪的陆小曼，未来的名媛
中的名媛，正在养成中。

　　而就读于女子学校的林徽因，少了被异性环绕的机会，却多了潜
心书本的志向。 多年以后，林徽因成了一名女学者，是自己赚钱吃
饭的职业女性；而陆小曼成为名媛中的交际花，热衷周旋于纸醉金
迷的舞场之中。

<h2 style="text-align:center">二</h2>

　　很快，一个很好的机会摆到了陆小曼面前。

　　1920 年，北洋政府外交总长顾维钧想找一个精通外语的漂亮姑
娘，帮忙接待外国使节，就让圣心学堂推荐人选。 圣心学堂就把最
优秀的学生陆小曼给推荐上去了。 这样，18 岁的陆小曼就到外交部
去上班了，职位是兼职外交翻译。

　　这一来，陆小曼的才华和机智，得到了充分展示。

　　她举止大方，谈吐得宜。 既青春飞扬，又不卑不亢。

　　在外交部工作的内容是什么呢？ 包括陪同外宾出席宴会、检
阅军队等等。 那时中国羸弱，难免被人看不起。 身处"前沿"的陆
小曼虽然年轻，也懂得处处维护祖国的尊严，同时还不能开罪了
外宾。

　　有一次，法国霞飞将军来访，见仪仗队动作很不整齐，就嘲笑

说："你们中国练兵的方法可能和其他国家不同吧！"小曼机灵地回答："没什么不同，是因为士兵们看到您这位大英雄太激动了，所以动作才不整齐的。"巧妙的一句话，保住了国家的颜面。

另外一次，陆小曼陪同外宾观看文艺表演，外国人表示鄙视："这么难看的东西，怎么好意思叫我们看？"陆小曼明知这次的节目质量确实不太好，但还是伶俐地回嘴："这是我国的特色节目，是你们看不懂而已。"几次下来，外国人晓得她不好欺负，反而对她笑嘻嘻的了。

顶头上司顾维钧对她的工作相当满意，当着陆小曼老爹的面说："陆建三的面孔，一点也不聪明，可是他女儿陆小曼小姐却那样漂亮、聪明。"陆老爹虽然惨遭洗刷了，但是心里还是乐开了花。

天下父母心，都是望女成凤。

但是客观地说，陆定的眼界和见识，确实比林长民差了一大截。从他们给爱女规划的路上，就可见一斑。陆小曼在外交工作上，显示出了很高的天赋。倘若她能得到提点，认清自己的爱好和长项，做好未来的职业规划，一生肯定能迸发出更为绚烂的光彩。

但是，陆家的父母从来没有想过，要鼓励小曼有自己的事业。他们当初同意女儿进外交部，只不过是希望小曼经过这一番历练，能成为一名风光无限的金牌名媛，将来才好嫁一个最有前途的好老公。

从这个意义上来说，小曼有点杯具了。

三年外交翻译生涯结束之后，小曼按照预期成为了京城一道靓丽的风景，顶呱呱的头号名媛。但是，这对她今后的人生是好是坏，还真不好说。

因为，在外交部的生活，彻底改变了陆小曼。

她不再是那个勤奋而优秀的学生了，她原本单纯的内心起了翻天覆地的变化。 她开始迷恋社交场合，享受绅士们的追捧。

这段生涯给她掀开了一个五光十色的世界，也把她打磨成了社交界的明星。 在外交部时，小曼常常会到一些豪华的场所参加舞会。 她身材苗条，肢体柔软，跳起舞来更是婀娜多姿。 "北京的外交部常常举行交际舞会，小曼是跳舞能手，假定这天舞池中没有她的倩影，几乎阖座为之不快，中外男宾，固然为之倾倒，就是中外女宾，好像看了她也目眩神迷，欲与一言以为快。 而她的举措得体，发言又温柔，仪态万方，无与伦比。"

从此以后，小曼就爱上了跳舞，爱上了交际。 有她的场合，男人们的眼睛都不由地贼贼发亮，她的一举一动都引领着时尚与潮流。

很快，陆定按照自己的规划，给女儿挑了一个乘龙快婿。 这个人就是号称当时中国军人中"第一帅、第一有才、第一有手段"的王赓。

这个王赓，算得上是少年得志。 他从清华毕业后，到美国西点军校就读，和大名鼎鼎的艾森豪威尔是同学。 陆家父母看他相貌堂堂，尤其前途无量，毫不犹豫就把女儿嫁给他了。 陆小曼认识王赓不到一个月，就闪婚了。

从这一点看，陆定比林长民和梁启超又差了一截。 他完全是一厢情愿，就没问过女儿的意见。

1922 年，举行了豪华的婚礼，"仪式之甚，轰动京师"。 九个女傧相之中，包括了曹汝霖之女、章宗祥之女、叶恭绰之女及数位英国小姐。 陆小曼风光无限地嫁了。

但结婚不到两三年就杯具了，新婚夫妇性格不合。

王赓是个工作狂，坚决早起早睡，一周要工作六天。 平时也不喜欢参加聚会。 没有获得疼爱的陆小曼，对婚后生活深感失望，也就越发懒散。 每天晚睡晚起，天天都和小姐太太们一起吃饭、喝酒、打牌、跳舞，直到很晚才回家。 王赓说她一两句，任性的小曼就大发脾气，说出很多尖刻难听的话来。

这样久了，夫妻感情自然不好，渐渐产生感情危机。

三

这个时候，男主角徐志摩出场了。

还是从 1924 年泰戈尔访华说起吧。 这时，徐志摩正在为追求林徽因作最后的努力。 他邀请林徽因担任自己的助手，共同接待泰戈尔。

当年 5 月 8 日，恰逢泰戈尔 64 岁生日。 京城名流便排演了诗剧《齐德拉》，为他祝寿。 在协和医学院礼堂，林徽因扮演齐德拉公主，徐志摩饰爱神。

那时徐志摩深情的眼里，应该只有扮相美艳的林徽因吧。

他并不知道，他即将爱得死去活来的一个女人，此时也在这里。

很巧。 陆小曼此时正站在礼堂门口，发售演出说明书。

当晚一个叫赵森的粉丝，记下了她当时的模样。 "在礼堂的外部，就数小曼一人最忙，进来一位递上一册说明书，同时收回一元大洋。 看她手忙脚乱的情形，看她那瘦弱的身躯，苗条的腰肢，眉目若画，梳着一丝不乱的时式头——彼时尚未剪发——斜插着一枝鲜红的花，美艳的体态，轻嫩的喉咙，满面春风地招待来宾，那一种风雅宜人的样子，真无怪乎被称为第一美人。"

这一次擦肩而过，但他们注定要相逢。

林徽因跟梁思成赴美留学后，徐志摩知道希望落空，心情灰败。便也经常和朋友们聚会，四处打望美眉，以填补空荡荡的内心。

他很需要一段新恋情，来抚平几年来的创伤。

有一次，徐志摩参加京剧义演，扮演《春香闹学》里的老学究。恰巧，陆小曼在这出戏里扮演丫环。京剧原本就讲究坐念唱打，扮相、眼神、表情、动作都是极有风韵的。小曼的风情，透过一身古韵，一下子勾走了徐志摩的魂。

当时，一定是一种眉目脉脉、石火电光的感受。

后来，徐志摩还一直回味当时的一见钟情："今晚在真光我问你记否，去年第一次在剧院，觉得你发鬈擦着我的脸（我在海拉尔寄回一首诗来纪念那初度尖锐的官感，在我是不可忘的）。"

桃花早已开上你的脸，

我更敏锐的消受你的媚，

吞咽你的连珠的笑；

你不觉得我的手臂更迫切的要求你的腰身，

我的呼吸投射到你的身上，

如同万千的飞萤投向光焰？

这些，

还有别的许多说不尽的，

和着鸟雀们的热情的回荡，

都在手携着手的赞美着春的投生。

（徐志摩《春的投生》）

不忘人间富贵花

他们是一个圈子里的人,迟早都要相遇的。 王赓也是梁启超的弟子,交友魅力无穷的徐志摩,很快就和王赓混熟了。 当时新月社活动很多,徐志摩、胡适、王赓夫妇等经常一起玩。

这时,徐志摩倒也不见得就存了坏心。 感情都是一步一步发展的,此时的他大概只是被小曼的灵动妩媚吸引,因此乐于亲近这位王太太。

徐志摩成了王家的常客,只要兴之所至,随时随地都会跑上门来。 可怜的工作狂王赓,连老婆都没时间陪,哪里有时间陪他。 于是,这位神经大条的老公大大咧咧地说:"志摩,我忙,我不去,叫小曼陪你去玩吧!"或者对想出去玩的小曼说:"我没空,让志摩陪你去玩吧!"

唉,他相信志摩是个为朋友两肋插刀的磊落朋友,但,难道他不知道志摩也是个会为了女人插朋友两刀的性情中人吗?

也是天意。 两个任性妄为的人碰出火花,想不出事都难。 郁达夫说得精辟:"忠厚柔艳如小曼,热情诚挚如志摩,遇合到一起,自然要发放火花,哪里还顾得到纲常伦教,顾得到宗法家风。"

徐志摩过于性情,道德感并不强。 所以,他注定和瞻前顾后的林徽因无言结局,而和性情相似的陆小曼就能尽情投入,演一出过把瘾就死的爱情戏。

在王赓的过度纵容下,陆小曼和徐志摩有了大量单独相处的机会。 他们一起游长城、逛天桥,到真光戏园看戏,去今雨轩喝茶,到西山上看红叶……

一个是失恋后的空窗期，一个是婚姻不幸的寂寞少妇。

孤男寡女，自然而然，就干柴烈火了。

到 1925 年 1 月，他们已经开始逾越界限了。徐志摩常带陆小曼去新月社俱乐部玩，那一天，他们恋恋不舍地吻别。徐志摩后来写诗记录这激情一刻："你摸摸我的心，它这下跳得多快；再摸我的脸，烧得多焦，亏这夜黑看不见；爱，我气都喘不过来了……"

他们身不由己，陷入热恋之中。

徐志摩被彻头彻尾地迷住了。陆小曼正是他喜欢的那一型：美貌、灵性、才情又出众。他一生抵抗不了这类女子的吸引。他眼里的小曼是"一个最美、最纯洁、最可爱的灵魂，是一朵稀有的奇葩"。他渐渐产生了一种渴望："能做我的伴侣，给我安稳，给我快乐。"

他施展超级无敌泡妞大法，写了无数情诗给陆小曼。徐志摩深夜思念陆小曼，睡不着觉，就花两三个小时给她写信。他激情澎湃，灵感泉涌，《花的快乐处》、《一块晦色的路碑》、《翡冷翠的一夜》都是献给小曼的情诗。

徐志摩自己也承认："我的诗魂的滋养全得靠你，你得抱着我的诗魂像母亲抱孩子似的，他冷了你得给他穿，他饿了你得喂他食——有你的爱他就不愁饿不怕冻，有你的爱他就有命！"

是女人，都招架不住这浪漫的柔情攻势（理性武装到牙齿的林徽因除外）。本来就极度渴望浪漫爱情的陆小曼，被这样滚烫的情话彻底融化了。

一场即将震惊北京城的爱情，就这样慢慢孕育起来了。

四

所有婚外情无不是尽量隐藏,而曝光总有偶然因素。

这一次也不例外。 其由头是一封信。

说到这里,我得暂时荡开一下笔墨,提一下徐志摩的另一位绯闻女友凌叔华女士。 其实,徐志摩和陆小曼相恋之初,也颇有一点多角恋的影子。

在泰戈尔访华时,凌叔华是燕京大学的学生代表,就这样和徐志摩认识了(插一句,同时她也认识了后来的老公陈西滢)。 凌叔华也是民国美女作家之一,秀气端正,颇具徐志摩心仪的气质。 更关键的是,徐志摩他老爸知道凌叔华以后,竟然很满意,一心相中了她来当自己的儿媳。

这时,徐志摩已经认识了陆小曼。 也就是说,当时徐志摩的视线里同时出现了两个有好感的女子:陆小曼和凌叔华。 于是,大众情人徐志摩就同时和她们两位交往起来,当然也同时和她们通信。

有一天,正好徐志摩同时收到了陆小曼和凌叔华的信,徐志摩的老爹就和王赓一起来了。 徐志摩知道老爸喜欢凌叔华,为逗他开心,就特意把凌叔华的信拿给他看。 王赓也在旁边一起笑嘻嘻地看,可看着看着脸色就变了。 徐志摩觉得不对,慌忙一看枕边,心里顿时叫苦不迭:原来凌叔华的信还在,是他不小心把陆小曼的信递过去了!

徐志摩上次写信，就是悄悄约陆小曼从北京来上海约会的。所以这封信里，陆小曼的信写得是情意绵绵。老婆的出轨信件抓个正着，比现在逮着条暧昧短信给力多了。也难怪王赓变色，一甩袖子就走了。

徐志摩晓得闯大祸了。

可惜那时通讯不便。过了几天，尚不知情的陆小曼果然依约来了上海，结果被王赓堵了个正着。王赓也是气坏了，当着朋友们的面，就责问起陆小曼和徐志摩私自通信的事来。小曼又羞又恼，当然是大吵一架了事。

拿错信事件虽然小，然而却仿佛是推倒多米诺骨牌的那一张牌。但凡男女暧昧私情曝光，当事主角就被逼到墙角。倘若不肯就此罢手回归家庭，就不免要大战一场看鹿死谁手。

徐志摩和陆小曼都是蔑视世俗的性格，越逼越逆反。经此阴差阳错的一闹，他们迫于外界压力不得不暂时分开，内心反而更加渴望冲破阻力在一起了。揣想，假如他们的偷情行为始终未被发现，会不会在激情燃尽后自然冷却呢？

接着，王赓把陆小曼送回北京娘家，让她妈好生看管。而自己则到南京任职。唉，后院都起火了，他还放心两地分居着。并且，他继续托胡适等也有腻歪心肠的朋友（见后文），照顾自己的老婆。真是无语了。

这时，徐志摩的处境也很尴尬，虽然他是个人见人爱的好人缘儿，可调戏朋友老婆的做法实在太不厚道了。加上陆小曼被家里像犯人似的软禁起来,也见不着面。 可以想象,两个人既相思得要命,又受到全方位的压力,实在极其痛苦。 志摩身心煎熬,提笔写出心底的呐喊:

> 这是一个懦怯的世界,
>
> 容不得恋爱,容不得恋爱!
>
> 披散你的满头发,
>
> 赤露你的一双脚;
>
> 跟着我来,我的恋爱,
>
> 抛弃这个世界
>
> 殉我们的恋爱!
>
> 我拉着你的手,
>
> 爱,你跟着我走;
>
> 听凭荆棘把我们的脚心刺透,
>
> 听凭冰雹劈破我们的头,
>
> 你跟着我走,
>
> 我拉着你的手,
>
> 逃出了牢笼,恢复我们的自由!

在他备受折磨之际,泰戈尔的秘书写信来,说是泰戈尔病了,十分想念他,希望他立刻动身到欧洲去相会。

1925 年 3 月,志摩动身到欧洲去。

在此之前,他做了两件事。

第一件,把一只藏有隐私日记的"八宝箱",交给红颜知己凌叔华保管。 里面记录了他和林徽因和陆小曼的爱情。 他还开玩笑,如果万一遭遇不测,你就根据这个给我写传记吧——这情圣,也知道害怕,也知道自己破坏的是军婚啊!

凌叔华自然答应了。 凌作家也是个想得开的女子,虽然和徐志摩互相有过那么一点意思,但也很清楚自己在徐心目中的位置。 所以,和徐志摩交往时,她也同时和陈西滢交往着。 大家都是一脚踏两船,打个平手。 还能做朋友。

第二件,徐志摩百般安排,见了陆小曼一面。 小曼眼泪涟涟,但还是同意志摩出国去。 按她的话说:我舍不得你,你走了我说不定要被他们逼疯。 但你这次去和大诗人在一起,肯定能帮助你提高诗艺。 再说,现在他们看得这么严,你在这里也没用。 干脆你走吧,我来和他们周旋作斗争。 顺便也考验一下我们的情感,如果就此忘掉对方,问题也就解决了。

在饯行酒宴上,小曼喝得酩酊大醉,痛苦得大喊:"我不是醉,我只是难受,只是心里苦!"经过一番撕裂般的痛苦,徐志摩还是按捺住心头的伤悲,孤身到欧洲去了。

和所有的恋情一样,强行被拆散,只能让两颗心愈加牢不可分;短暂的别离,更会刺激爱情生出到非君不可的盲目热情。

陆小曼痛苦得不能自已,强烈思念志摩,任妈妈百般开解也无济于事。

　　王赓这时也觉得两地分居,对解决问题毫无帮助。 于是以军人简洁的方式,写了一封信给陆小曼: "如念夫妻之情,立刻南下团聚,倘若另有所属,决不加以拦阻。"这种强硬的措辞,对九头牛也拉不回来的陆小曼来说,一点用都没有,却让她迸发出背水一战的激烈来。

　　陆小曼连发三封电报到欧洲: "徐志摩,快回来,再不回来,我顶不住了。"

　　接到电报,徐志摩恨不得插上翅膀,立刻飞回北京。

　　经历分别煎熬的徐志摩,爱情的小宇宙比之前增强了一倍。 这时,他已经做好心理准备,要尽一切努力,把小曼抢过来。

　　这事儿他一个人办不成,徐志摩找到刘海粟帮忙。

　　刘海粟也觉得很烫手,但实在同情苦恋的徐陆两人,还是慨然答应想想办法。 刘海粟觉得,他们现在必须争取一个关键的同盟者:那就是陆妈妈。 如果陆小曼家里同意了,那事情就成功了一半。

　　刘海粟对陆妈妈说:现在把小曼逼成这样,和王先生就能白首偕老了吗? 小曼心里苦,整天里跟你们闹,大家都不得安宁啊! 接着,又讲了很多包办婚姻的悲剧。 陆妈妈也松了口:其实我们也挺喜欢志摩,可王赓对我们还算厚道,怎么开得了口说离婚啊?

　　刘海粟得了这话放心了:交给我吧,我能让王赓自愿离婚。

　　接下来,刘海粟在"功德林"摆了宴,请了徐志摩、陆小曼母女、王赓、胡适以及陆小曼的闺蜜唐瑛等人。 徐志摩和陆妈妈心知这是一场逼宫的鸿门宴,都很心虚。 王赓一看桌面这些人,也多少明白了，但仍彬彬有礼。

刘海粟唱主角："今天我做东，把大家请来，是纪念我的一件私事。当年我拒绝封建包办婚姻，从家里逃了出来，后来终于得到了幸福婚姻。来，先请大家干了这一杯。"接着，刘海粟又慷慨激昂地大谈了一番对婚姻自由的见解。

王赓是个聪明人，听出了话里的意味。就很有风度地敬了刘海粟一杯酒：你的话很有道理，我很受启发。接着，他就借口有事先走了。

写到这里，都不禁很同情王赓，真是交友不慎啊：一个朋友诱拐了自家老婆，其他一大群朋友则联合起来，给他施压逼他成全人家。

而王赓此人，真的是很 MAN，很有风度。

逼宫宴之后的两个月，王赓就仿佛没事一样，绝口不提。陆小曼心里很着急，但是也不敢表露出来。事后证明，王赓那段时间是在作痛苦的决定。徐志摩的痛苦都化作诗篇，今天看得见；而王赓的痛苦是缄默的、隐秘的、耻辱的。

一天晚上，王赓终于对陆小曼说："我想了很久，既然你跟我在一起不快乐，那么我们只有分开。其实我还是爱你的，所以我整整考虑了两个月。这两个月，也是让你想清楚，你是否和志摩真的合适。"

小曼低头不说话。王赓便长叹一声，同意离婚。

心愿得以实现，小曼反而流泪了。

她不爱这个男人，可这个男人毕竟还是待她不错的。她是极能花钱的,然而事业刚刚起步的王赓没有一句怨言地供养她。 再者,王赓是有实权的军人,在那个乱世,掏出枪来便能解决掉情敌。 然而他却是一挥手,大度成全了。

办完手续后,王赓对徐志摩说:"我们大家是知识分子,我纵和小曼离了婚,内心并没有什么成见;可是你此后对她务必始终如一,如果你三心两意,给我知道,我定会以激烈手段相对的。"

徐陆结婚时,王赓极有风度地送了一份贺礼。

我原本都以为,王赓过后会娶一房贤淑的太太,生几个儿女,忘了前尘往事。 可一查才意外发现,王赓竟然终生没有再娶,亦无子嗣。 1942 年死于埃及开罗。

这说明,这件事实际上给了他沉重打击。 不论是出于对小曼无法说出口的深沉爱恋,还是被横刀夺妻的奇耻大辱,他都一生没能释怀。 他的成全,并不是无关痛痒的洒脱,而是打落牙齿和血吞的军人品格,令人敬重。

也许,爱并不是挂在嘴边的。 可是,就像徐志摩看不到张幼仪的爱一样,陆小曼也看不到王赓的爱。 终其一生,他们再无交集。

五

陆小曼满心热切地奔向幸福,然而命运却接连给了她几个打击。 或许,第二段婚姻的不幸,这时就已经悄悄埋下了伏笔。

第一件倒霉的事情,是她在离婚前夕发现自己怀孕了。 后来常有八卦者怀疑，风流的陆小曼未离婚时，便已和徐志摩暗渡陈仓了。如果是那样，她恐怕这时就难以断定这个孩子是前夫王赓的了。事实上，陆小曼非常纠结，如果生下孩子，好不容易争取来的离婚就要泡汤；如果不要孩子，如张幼仪所说，在那个年代是件很要命的危险事。

最后，她为了和徐志摩过上美好生活，还是悄悄找了个德国医生打胎。这件事是秘密操作，她对外只说是出去休养一段时间。不走运的是，这次失败的手术给她留下了终生的后遗症。不但从此不育，而且过夫妻生活都很痛苦。后来徐志摩想要个孩子，陆小曼都只能苦笑。难怪陆妈妈有此一叹：是小曼害死了志摩，也是志摩害死了小曼！他们演绎了一段轰轰烈烈的旷世奇情，让看官们神往，但自己的生活因此都毁了。

第二件倒霉事更为关键：徐家父母不同意他们的婚事！他们喜欢端庄的张幼仪、清白的凌叔华，倘若徐志摩能如愿娶回林徽因，想必也是满意的。唯有陆小曼，在他们眼中是品行轻薄的淫奔之妇。

经过反复做工作，徐家父母说，结婚可以，张幼仪点头同意才行。这对于抛弃发妻的徐志摩来说是大讽刺，对陆小曼来说更是羞辱。她想进门，还要人家前妻点头。不过张幼仪很善良，她一生对徐志摩的爱，概括起来就是"成全"二字。张幼仪见徐志摩眼巴巴地看着自己，晓得他的心思，便毫不刁难，一股脑地点头说同意。志摩高兴坏了，跑到窗口作拥抱幸福状，结果乐极生悲，把订婚的翡翠戒指给弄掉了——不是吉兆啊。

徐家父母见一计不成，又生一计。 这次提了三个要求，说做到就可以结婚：一、结婚费用自理，家庭概不负担；二、婚礼必须由胡适作介绍人，梁启超证婚，否则不予承认；三、结婚后必须南归，安分守己过日子。

徐志摩全部答应。

为什么一定要梁启超证婚呢？ 因为他声望高，且持反对态度。徐志摩请胡适帮忙，说尽好话，梁启超才同意来。

1926 年七月初七，大婚举行。

当着满座宾朋，梁启超沉着脸上台了，开口就是惊世之语："徐志摩，你这个人性情浮躁，所以在学问方面没有成就。 你这个人用情不专，以致离婚再娶……你们两人都是过来人，离过婚又重新结婚，都是用情不专。 以后痛自悔悟，重新做人！ 愿你们这次是最后一次结婚！"

真是旷古未有的证婚词！ 想必徐陆两人都听得汗流浃背了。晓得老师猛，不晓得老师会这么猛。

梁启超对这番话颇为得意，后来剖析自己这番良苦用心：徐志摩这个人其实很聪明，我很看重他。 这次我看他陷于灭顶，还想救他出来。 "我又看着他找得这样一个人做伴侣，怕他将来痛苦更无限，所以对于那个人（陆小曼）当头一棍，盼望他能有觉悟（但恐很难），免得将来把志摩弄死。"

梁任公老辣！ 倘若他活长一些，恐怕要认为自己果然一语成谶。

这起兼具娱乐性和轰动性的婚礼过后，小曼夫妇回到徐志摩的

我挥一挥衣袖，
不带走一片云彩

家乡海宁硖石。 其实，现在小曼的压力比徐志摩要大得多。 在此类事件中，女性总要承担绝大部分的指责和鄙夷，从古到今都是这样不公平！刘海粟回忆说：陆小曼离开王赓改嫁徐志摩后，当年在北京把她捧为天人，以一睹芳颜为快的名人雅士们，立即变成武士和猛士，对小曼大加挞伐。

支撑着小曼的，除了在外交部三年锻炼出来的强悍内心外，主要就是新婚的甜蜜爱情了。 不过，她立刻发现，和公公婆婆相处起来很困难。

小曼喜欢撒娇，剩下半饭碗，就赖皮地推给志摩吃。 要上楼休息了，又装可怜要志摩抱她上楼。 其实，这些不过是夫妻间的小情

213

趣,但是公公婆婆看不过眼了(这就是同住的悲哀啊,小主妇们应该很理解)。

于是徐家父母一挥袖子走人,到上海找前儿媳张幼仪诉苦去了。 这对一心想融入徐家的陆小曼来说,又是一次打击。 她很快就得了肺病,卧床了。

第二年,他们因战乱移居上海。

陆小曼的一生,自此再也没有离开过上海。

六

徐志摩喜欢的是性灵的小曼,他希望她充分焕发自己的才情,绽放自己的光彩。 比如,像林徽因那样勤奋而努力。

可是小曼骨子里有着根深蒂固的颓废因子。 纸醉金迷的生活,对她有致命的吸引力;阔小姐富太太的上流生活,已在她的生命里轧过二十几年的轨辙。 她愿意改!如果能有如林长民、梁启超给子女营造的宽松激励氛围,她或许也可慢慢改观。 但徐家父母的不接纳,让她在痛苦之后便以轻蔑的态度放任自流了。

上海的十里洋场、花花世界,勾引了她蠢蠢欲动的灵魂。

她小试身手,便在这个圈子大获成功。

不愧是金牌名媛的素质。

漂亮的衣服、新潮的货品、豪华的舞厅、高雅的绅士们……小曼在上海社交界如鱼得水,结交各种名人和名伶。 排场浩大,花钱

（手写）我挥一挥衣袖，
不带走一片云彩

如流水。

　　她不怎么在乎别人的看法，只在乎自己欲望的满足。 她又变成了前一段婚姻里的那个样子：每天过午才起床，下午会客写信，晚上跳舞看戏，很晚才回家。

　　徐志摩给她租了一套豪华公寓，月租 100 个大洋，相当于现在5000 块钱。 又请了 14 个佣人！ 各司其职地服侍徐太太。 后来小曼吃了鸦片，更加不得了。 据说，那时陆小曼一个月要花五六百大洋，折合到现在是 3 万元左右！

　　徐志摩目瞪口呆，这时才了解了娶一个漂亮老婆的代价，才晓得养一朵交际名花不容易！

　　徐家虽然有钱，但这时已经断绝经济供给，徐志摩全靠自食其力。 无可奈何，大诗人只好挖空脑袋赚钱。 身兼数职，一面在大学教书、一面写稿写诗、一面倒卖古董，有时还要做点中介。 他收入算高了，但毕竟也是个工薪族，供养这样一种级别的名花，还是非常吃力的。 所有的钱都给老婆花，不够找朋友借，自己衣服破了都舍不得买。 可这样辛苦来的钱，小曼轻轻松松就花掉了。

　　众所周知，经济问题是夫妻主要矛盾之一。

　　徐志摩婚前就告诫过小曼："我不愿意你过分'宠物'，不愿意你随便花钱，无形中养成'想要什么非要什么不可'的习惯。 我将来绝不会怎样赚钱的，即使有机会我也不来，因为我认定奢华的生活不是高尚的生活。"

　　然而，他的担心成了现实。 消费观的巨大分歧，果然使他们的爱情出现了第一道罅隙。虽然如此,他对小曼还是很宠爱,一边抱怨一边继续努力赚钱。

只是,他依然忍不住抱怨:"我想在冬至时节独自到一个偏僻的教堂去听几折圣诞的和歌,但我却穿上了臃肿的袍服上舞台去串演不自在的'腐'戏。我想在霜浓月淡的冬夜独自写几行从性灵暖处来的诗句,但我却跟着人们到涂蜡的跳舞厅去艳羡仕女们发金光的鞋袜。"

徐志摩忙着赚钱满足小曼的物质需求,自然就没空照顾她的精神需求了——小曼需要物质,但也需要爱情滋养!忘了王赓是怎么出局的了吗?

苦闷的陆小曼对王映霞诉苦:"照理讲,婚后生活应该过得比过去甜蜜而幸福,实则不然,结婚成了爱情的坟墓。志摩是浪漫主义诗人,他所憧憬的爱,是虚无缥缈的爱,最好永远处于可望而不可即的境地,一旦与心爱的女友结了婚,幻想泯灭了,热情没有了,生活便变成白开水,淡而无味。志摩对我不但没有过去那么好,而且干预我的生活,叫我不要打牌,不要抽鸦片,管头管脚,我过不了这样拘束的生活。我是笼中的小鸟,我要飞,飞向郁郁苍苍的树林,自由自在。"

这时候,她在唱戏时结识了一个叫翁瑞午的人。

翁瑞午也是名门之后,他的祖父是光绪皇帝的老师翁同龢。他性格随和,说话讨人喜欢。很快和志摩夫妇混熟了。兼之他喜欢唱戏和画画,和陆小曼志趣相投,很能玩到一起。

有一次,陆小曼唱戏时旧病复发,腰痛不已。恰好翁瑞午有一手推拿绝技,于是帮陆小曼按摩。 他的功夫确实不错,手到病除。从此以后,陆小曼就常常让翁帮她按摩了。 文载:"翁和陆之间常有罗襦半解、妙手抚摩的机会。"

陆小曼又问:"瑞午,你不在的时候万一我发病的话,有什么办法呢?"翁瑞午回答:"有是有办法的,但这个办法是没有办法的办法,不到万不得已是不好采用的。"陆小曼问是什么办法,翁瑞午说:"吸鸦片。"

从此,陆小曼就吸上了鸦片。

开始是为了缓解病痛,后来就上了瘾。 她和翁瑞午两个人,经常一起横躺在客厅的烟榻上,隔灯并枕,吞云吐雾。

这个姿态,着实难看。

朋友们都有点看不下去了,徐志摩却心疼娇妻体弱,默许了她抽鸦片。 并且为她和翁瑞午两人辩解说:"夫妇的关系是爱,朋友的关系是情,罗襦半解、妙手摩挲,这是医病;芙蓉对枕,吐雾吞云,最多只能谈情,不能做爱。"

话说得漂亮。 可拼命赚钱养家的男人,回家却见妻子和其他男人亲昵,心里怎么可能不磕磣得慌? 也许他始终对小曼的爱情有信心,但心里浓重的灰暗却怎么也消解不掉。

当初他撬了王赓的墙角,现在翁瑞午来撬他的墙角。 似乎有点因果轮回的感觉。 然而,故事看到这里,对徐志摩却难有嘲笑之意,反而尽是怃然之心。 这个罔顾世俗道德的爱情斗士,虽然走到最后姿态已不那么漂亮,但一步一步都是踩着一颗赤子之心,殷红夺目。

七

1930 年秋,徐志摩应邀北上,到北大及北京女子师范大学担任教授。 他很希望陆小曼跟他一起去,但小曼留恋上海的生活,也离不开翁瑞午的按摩和鸦片,不肯去。 于是,又开始了两地分居的生活。

在北京工作赚钱,打飞的回上海送钱。

半年之间,就往返了八次。

为了省钱,徐志摩托了人情,来往都搭乘免费的邮政飞机。 辛辛苦苦地工作着,难得回家看一次老婆,小曼又忙于交际应酬,结局往往是大吵。

1931 年 3 月,他灰心地写道:"我守了几年,竟然守不着一单个的机会,你没有一天不是 engaged(已订约),我们从没有 privacy(不受干扰的,独处)过。 到最近,我已然部分麻木,也不想往那种世俗幸福。"

稍后,徐志摩的母亲病重,徐父却不准陆小曼前去探望。 后来徐母病故,也不准陆小曼进门奔丧,却让张幼仪以干女儿的名义参加葬礼。

陆小曼恨得咬牙,认为这是对她的羞辱。

徐志摩对父亲和妻子的矛盾无法调和,只好自己蹲到一边头痛。 这件事,令他们夫妻本来日益冷漠的关系,更为紧张了。

　　婚姻不幸,徐志摩的心不由向昔日梦中情人靠拢了。 当时,林徽因在香山养病,徐志摩常常去探望,颇有旧情复燃的趋势。

　　陆小曼听见风言风语,拿话来质问徐志摩。 徐志摩指天发誓地解释:我和林徽因没什么,你千万不要多想啊。 然而,两地分居传出绯闻,是最容易产生误会的,对夫妻关系肯定是雪上加霜。

　　到飞机失事前,徐志摩对婚姻已是极度失望,写诗发泄道:

> 在妖魔的脏腑内挣扎
>
> 头顶不见一线的天光
>
> 这魂魄,在恐怖的压迫下
>
> 除了消灭更有什么愿望?

　　千万不要随便说"消灭",不吉利的字眼还真是一语成谶。

　　1931 年 11 月,陆小曼连连发电报,十二道金牌召回徐志摩。 中心思想是:老公啊,快拿钱回来。 这边债台高筑了!

　　于是,徐志摩就回来了。 没想到,两人一见面就又闹得不愉快了。 郁达夫回忆:"当时陆小曼听不进劝,大发脾气,随手把烟枪往徐志摩脸上掷去,志摩连忙躲开,幸未击中,金丝眼镜掉在地上,玻璃碎了。"

　　小曼果然凶悍,竟用家庭暴力!

　　徐志摩一怒之下,拍拍屁股就走了。 这一走,就是永诀。

　　1931 年 11 月 19 日,他搭乘一架邮政机飞北京。 登机之前,他还给陆小曼写信说："徐州有大雾,头痛不想走了,准备返沪。"但是最后还是走了。

中午 12 时半,飞机在济南党家庄附近触山爆炸。

这一年,徐志摩 36 岁。

有人怪林徽因害死了他,因为徐志摩是为了赶林徽因那晚的一场讲演,才不顾天气恶劣登机的。有人怪小曼害死了他,如果徐志摩不是为了省钱搭免费飞机,或者小曼肯同他北上,他或许就不会死了。

这些都是迁罪之词。旦夕祸福,天意难测。

我想,小曼最痛彻心扉的,是不是自己给志摩留下的最后一个镜头,竟是恶狠狠地用烟枪砸他呢? 倘若她预晓前事,一定会哭着抱住志摩,不许他走吧?

郁达夫说:"悲哀的最大表示,是自然的目瞪口呆、僵若木鸡的那一种样子,这我在小曼夫人当初接到志摩凶耗的时候曾经亲眼见到过。 其次是抚棺一哭,这我在万国殡仪馆中,当日来吊的许多志摩的亲友之间曾经看到过。"

清点徐志摩的唯一遗物,是一幅小曼的山水长卷,保存在铁箧中。 上面已经加题了许多名人的珍贵题跋。 志摩随身携带,是要到北京找人再加题。

即便不断争吵,他还是要回家来;即便恼恨她奢侈,还是一个电报就回来送钱;即便他感到绝望,也是为刻骨的爱而绝望的。

到死,志摩都是爱小曼的。

小曼痛悔，不再出去交际。

她写《哭摩》，她说：苍天给我这一霹雳直打得我满身麻木得连哭都哭不出来，浑身只是一阵阵的麻木。几日的昏沉直到今天才醒过来，知道你是真的与我永别了。

她在书桌前写：天长地久有时尽，此恨绵绵无绝期。

她给徐志摩写挽联：

　　多少前尘成噩梦，五载哀欢，匆匆永诀，天道复奚论，欲

死未能因母老；

万千别恨向谁言,一身愁病,渺渺离魂,人间应不久,遗
文编就答君心。

因为母亲,她不能追随他而去。 此后,她活在世上唯一的目标,
就是"遗文编就答君心"。 她洗尽铅华,终日练习画画,努力做一
个他希望的女子。

八

可惜,她戒不掉鸦片,也戒不掉翁瑞午。

在没有希望的痛苦之中,她更加依赖鸦片的麻醉。 空有一身才
艺却养不活自己,她更是常年依赖翁瑞午的供养。

此后的二十多年里,她跟翁瑞午同居。

也有别的人追求她,但她并不想再恋爱结婚。 她选择翁,就像
是随随便便,选了一双穿着舒服的鞋子,于是再懒得管好不好看了。

她唯一在乎并再三强调的,是志摩在世时,她和翁瑞午并没有
越轨。

她说:"我与翁最初绝无苟且瓜葛,后来志摩坠机死,我伤心至
极,身体太坏。 尽管确有许多追求者,也有许多人劝我改嫁,我都不
愿,就因我始终深爱志摩。 但由于旧病更甚,翁医治更频,他又作为
老友劝慰,在我家长住不归,年长日久,遂委身矣。 但我向他约法三
章:不许他抛弃发妻,我们不正式结婚。 我对翁其实并无爱情,只

有感情。"

　　她说,对翁瑞午,没有爱情,只有感情。

　　但这份感情,恐怕也并不浅薄。

　　虽然没有名分,可这个男人和她爱好相同,相处怡然自得,对她的画技也多有指点。 关键是,他货真价实地供养了她二十多年。 许多丈夫,都还做不到这一步。 他用工资、用变卖古董家产的钱,养着她。 后来靠女儿从香港寄来的钱,养着她。 直到他去世为止。

　　做到这个份上,他对她的爱,已不是简单的仰慕美色了。 何况,病重时及年老后的小曼,容颜毁损,精神萎顿,也难谈有什么美色了。 苏雪林回忆,病中的小曼"脸色白中泛青,头发也是蓬乱的,一口牙齿脱落得精光,也不另镶一副。 牙龈也是黑黑的,可见毒瘾之深"。

　　翁瑞午是小曼后半生的伴儿,没有名分的丈夫。

　　陆小曼也很明白。 只是她和徐志摩的爱太亮烈,所以映照得默默奉献的翁瑞午,失了颜色。 相守二十年,也抵不上那璀璨的五年。

　　志摩死后,胡适也一度想照顾陆小曼。

　　他们之间,原本也曾有过一段暧昧之情。 胡适也是才子,在陆小曼认识徐志摩之前,他们也常常有些传情达意的书信。 不过胡适很怕老婆,虽然想寻求婚外激情,但又畏手畏脚。 所以,这段情就止于暧昧了。

　　志摩辞世后,陆小曼给胡适写过几封信。 希望他念着旧情,在经济上支援一下。 "我们虽然近两年来意见有些相左,可是你我之

情岂能因细小误会而有两样么？ 你知道我的朋友也很少,知己更不
必说,我生活上若不得安逸,我又何能静心的工作呢？ 这是最要紧
的事。 你岂能不管我？ 我怕你心肠不能如此之忍吧!"

胡适同意了。 但他的想法,不是给钱那么简单,而是包养成外
室。 他提了三个要求:一要戒鸦片,二要和翁瑞午分手,三要去南
京,由胡适安排生活。

小曼写信语气是撒娇,但内心如明镜一般。

她想必是冷笑一声,就把信扔开了。 她只是想要点钱花花而
已,可没想过做二奶这份职业。 胡适和翁瑞午不一样:翁瑞午是她
自己挑的,在他面前她是自由的女皇。

于是和胡适的交往渐渐断了,后不再来往。

九

后期,陆小曼的经济陷入困顿,被迫戒掉鸦片,开始卖画为生。
画风由前期的清秀隽永,变得萧疏苍寒。

1956 年,陈毅偶然见到她的一幅画,记起她是已故老师徐志摩
的夫人,特意安排她进入上海文史馆。 后来,上海画院又吸收她当
了画师。

1965 年,陆小曼在上海华东医院过世,时年 63 岁。

所有的结局已写好，泪水已启程

在蒋碧微18岁时，徐悲鸿为她神魂颠倒，两人双双私奔。

在蒋碧微39岁时，徐悲鸿爱上了才华横溢的学生孙多慈……

蒋碧薇\一生跟着感觉走的傻女

一

看大师们的传世作品,总觉得敬仰。 而看他们的爱情逸事,却觉得香艳。 伴随艺术大师的,往往有几段绝世恋情。 这一点也不奇怪。

然而,大师徐悲鸿的爱情,却一点也不洒脱。 仿佛一场充满纠结的拉锯战,旁人看了都替男女主角感到虐心。 这一出让人眼花缭乱的多角恋,其八卦、激烈的程度比徐志摩、郁达夫等人的绯闻,有过之而无不及。

蒋碧薇于葱茏岁月,和徐悲鸿相遇。也曾有过电光石火的爱情。

最初的他们,很像泰坦尼克号上的露丝和杰克。一个是美貌热烈的富家女,一个是不名一文的穷画家。

蒋碧薇是大家闺秀,出生在宜兴第一书香世家里。当时的蒋宅高墙巍峨,据说是宜兴城里最大的房子。宅子里的童年生活,幸福安乐。蒋妈妈出身名门,和蒋爸爸常常一起吹箫弄笛,感情十分和睦。大概是由于父母的影响,她后来出国留学时,主修的也是音乐。

蒋碧薇的闺名叫棠珍,字书楣。一个女孩子能有字,说明她十分受宠。俗话说,男要穷养,女要富养。蒋碧薇从小受到良好的教育,享受到家人完全的爱,这给她的自信从容打下了一生的坚实底气。

蒋碧薇早就听说过徐悲鸿的大名。那时徐悲鸿在家乡宜兴名气很大,人人都在八卦他的"怪"。

那时的徐悲鸿,苦大仇深。刚刚20出头,却已经成为一名鳏夫。他不顾忌别人的眼光,凡事都率性而为。他不喜欢自己原来的名字寿康,就改名叫悲鸿。不喜欢老家的媳妇,就给儿子取名"劫生"——这个倒霉的孩子果然没逃过一劫,死了妈妈后在7岁时也病死了。后来,徐悲鸿父亲去世,他服丧时竟在白布鞋里穿了双红袜子。再后来,身为徐家长子的他要养家糊口,一口气接了三所学校的美术课程。每天天一亮步行30里去上课,中途过家门而不入……

所有的结局已写好，

泪水已启程

徐悲鸿怪名远扬，反而引起了少女蒋碧薇的好奇。

当时徐悲鸿和蒋碧薇的伯父和姐夫是同事，偶尔也上蒋家拜访。有一天，蒋碧薇听说徐大怪人来了，就找了个借口，跑到大厅上去看了他一眼。但清秀而瘦削的徐悲鸿，也并没有多长一只眼睛，她便没留下什么深刻印象。

1916年，蒋碧薇的父亲到复旦大学当教授，17岁的蒋碧薇也跟着去上海读书。此时，打工狂人徐悲鸿，过了两年养家糊口的生活后，深感这样下去将沦为庸人一枚，前途抱负都没了。于是一狠心，也跑到上海找机会进修。

　　可他不但没有学费，连饭都吃不起了。穷途末路之际，才华横溢的穷画家靠一支画笔寻到了转机。

　　当时，上海有个鼎鼎大名的哈同花园，那是一个犹太房产大亨和他的清朝格格妻子的豪华别墅。徐悲鸿看到哈同花园在报纸上公开征求画仓颉像，就画了一张送去。结果，不但画作被选中，他本人也得到了哈同花园总管姬觉弥的赏识，给工作，给工资，还送他进震旦大学学习法文。

　　在上海站稳脚跟后，徐悲鸿通过熟人结识了老乡蒋碧薇的父亲。蒋父很喜欢这个又帅又有才又上进的小伙子，热情邀请他来家里玩。于是，徐悲鸿乐得没事就来他们家待着，基本就像他们家的一员一样了。

　　除了蒋家的舒适温暖外，总是好奇打量他的蒋家女儿，也很有吸引力。

　　蒋碧薇的相貌并不是顶美的，但很耐看。齐耳的短发和斜梳的刘海，衬托出青春女孩的活力。而她最大的吸引力在于皮肤和身材。蒋碧薇皮肤莹白，在十七八岁更是光彩动人。她的个子高挑匀称，很符合画家挑剔目光中对于人体的审美。后来徐悲鸿为她画了很多穿旗袍和花裙的肖像，颇有花样年华里张曼玉的风采。

　　经过近距离相处，蒋碧薇也对他产生了特别的情愫。她回忆说："徐先生的故事使我对他产生了一种钦佩和同情兼而有之的复杂感情……徐先生给我带来了新奇的感觉。我觉得他很有吸引力，不仅在他本身，同时也由于他那些动人的故事，以及他矢志上进的毅力。"

纵观蒋碧薇一生,做事都是果敢主动的。可以想象,她对于感兴趣的男子,一定不惮于流露爱慕之意,也一定会欢快活泼地主动同他交谈。这样一个美丽多情而又勇敢热烈的大家小姐,徐悲鸿不怦然心动简直不可能。

郎才女貌。他们之间碰出火花,非常合情合理。

在情火炽烈、两情相悦时。徐悲鸿约蒋碧薇私奔。

他找了个同乡去探蒋碧薇的口风:"假如现在有一个人,想带你到外国,你去不去?"年轻的男人,似乎总是能很轻易开口,叫女人跟自己走。更何况徐悲鸿这么率性而为的男人。他连提亲的尝试都没有,就省略过程直奔结果了。

但私奔能不能成功的关键,永远都在于女人。蒋碧薇恰好禀性里很有敢于冒险的因子,同时又对未婚夫不满意——那位查公子居然在考试的时候作弊。这样没出息的夫婿和才华横溢的徐悲鸿一比,简直让她无法忍受。再加上被爱情弄得晕乎乎的,她脱口而出:"我去!"

于是私奔协议达成。

徐悲鸿大喜过望,为即将改名换姓的她取名碧微。还订做了一对水晶戒指,一只刻着"悲鸿",一只刻着"碧微"。他整天戴着"碧微",得意洋洋地到处逛。别人问他,他就神秘兮兮地说:这是我未来太太的名字。

徐悲鸿还想了一个计策,来掩盖私奔的真相。他到处和朋友吃告别饭,宣称自己将于某月某日去法国留学。 那一天过后,他就躲在康有为家里不露面了——康有为是他新拜的老师。 等把蒋碧薇的护照等手续都办妥后,他们才一起启程。

他们的私奔场面,挺像地下工作者接头的。

徐悲鸿很有组织地下工作的天分。 他通过老乡向蒋碧薇传递情报:天黑以后,爱多亚路长发栈碰头。 徐悲鸿还让老乡创造最佳条件,把蒋家父母等长辈都约出去吃饭看戏了。

那一夜,蒋碧薇留下一封遗书,表示对人生很失望,似乎想去自杀。 接着她收拾好行李,头也不回地踏出了家门。

那一夜,她奔向她的爱情,戴上了刻着“碧微”两字的水晶戒指。 60 年后,人事已非,但她依然承认当时不顾一切的激情。 “每每我望着这个极其熟悉却又像是非常陌生的男人,我内心喜悦,但也有如梦似幻的感觉。”

那一夜,蒋家父母回到家里,见到了这宛如晴天霹雳的一幕。 虽然后来有流言传出,但他们还是为女儿举办了葬礼。 蒋家,再没有“棠珍”这个女儿了。

其实看看他们当时所处环境,未必需要走到私奔那一步。 蒋家虽然是世家,但是蒋父并没有偏见。 蒋碧薇说,有一次她听见父母聊天,父亲大夸徐悲鸿人品才貌难得,将来肯定有大出息。 他还无不遗憾:“要是我们再有一个女儿就好了。”言下之意,是很想招他为婿的。 而关于蒋碧薇的未婚夫,古往今来悔婚的例子也不少。

所以,他们完全有机会走大众路线,明媒正娶。 可是,徐悲鸿当时虽然爱着蒋碧薇，却没有耐心去做这繁琐的一切。而他恰好碰到了一个敢作敢为、不斤斤计较的女孩子。这样，他们便如愿开始了自由自在的爱情生活。

他们于1917年5月出走。蒋碧薇18岁，徐悲鸿22岁。

二

最开始的几年，是窘迫而动荡的。

徐悲鸿原本要去法国留学，可因为当时一战爆发，船不通了。他只好带着蒋碧薇先去了日本。在日本，徐悲鸿没事就去逛书店，见到精美的画册，就毫不考虑地买下来。不到半年，钱就花光了，他们只好硬着头皮回国。

在康有为的建议下，徐悲鸿跑到北平待了差不多一年，终于谋求到一个官费出国的名额。1918年11月，徐悲鸿和蒋碧薇来到巴黎，进入法国国立最高艺术学校。徐悲鸿进修美术，蒋碧薇则学音乐。

在他们最初的10年里，生活很清贫，却激情燃烧。

徐悲鸿废寝忘食地学画。当时他每天上午画石膏，下午画模特儿。周末就去各大博物馆欣赏画苑珍品。他也长时间泡在塞纳河边的书市里，淘买各种印画。他还不顾一切地登门拜访，拜在大画家达昂先生门下……

那时，蒋碧薇并没有什么不满，她看他如此忘我和刻苦，只觉得赞赏和敬佩。她没有一句怨言，默默日复一日操持着家务。她发挥与生俱来的禀赋,尽量把简朴的生活点缀得情趣横生。

她如此甜美和顺,和徐悲鸿相处得如此水乳相融。可能是因为这一时期她热烈地爱着徐悲鸿,而徐悲鸿也热烈地迷恋着她的缘故。蒋碧薇是极其渴求爱的女人。只要有爱的滋养,她便会欢畅地舒展开来。即便生活贫苦艰难,未来暧昧难明,她也满不在乎。

火花般闪耀的爱情,激发了徐悲鸿无数的创作灵感。

他为她画了很多肖像画。穿幽蓝旗袍的她,穿短袖花裙的她,或者是裸体的她。他不厌其烦地画着她:他画看书的她,还要画一个自己,趴在她旁边痴痴看着她。她睡觉时,他也悄悄地观察她,把她描绘进画面里;蒋碧薇本人最喜欢的,是他画她拉小提琴的侧影,就是那张著名的《琴课》;还有倾倒全世界的《吹箫》,也是蒋碧薇做的模特儿……

他对她的着迷和依恋,缠绵在每一笔一划里。画中的蒋碧薇是那样传神,或慵懒或高贵或娇憨。人们都说,悲鸿画碧微,笔底有烟霞。

他们的感情后来沧海桑田,而这些画作却在岁月中不朽。

而徐悲鸿也是因着这一时期的画作,逐渐拥有了赫赫声名。

那时徐悲鸿和他太太感情之好,在留法同学中有口皆碑。虽然没有华丽的交际场,但出身名门的蒋碧薇依然在小圈子里大受欢迎。

所有的结局已写好，
泪水已启程

235

　　当时有一个叫常玉的画家,就很倾慕徐夫人的风采,成为她的粉丝。 常玉最善于画丰乳肥臀的裸女。 这个人才华很高,死后被西方美术界推崇为世界级的大师。 可惜他运气不好,一生都默默无闻。 当时,徐悲鸿常常因为蒋碧薇同常玉多说了几句话,大吃飞醋。

　　1921 年,徐悲鸿和蒋碧薇到柏林游历。 一次,他们参加驻德国公使馆的一次酒会时,认识了一个在伦敦学美术的青年学生,叫张道藩。 蒋碧薇对他的印象,是殷勤而体贴。 然而,张道藩却对她惊为天人!

　　"那一天你曾给我留下极深刻的印象。 你穿的是一件鲜艳而别致的洋装。 上衣是大红色底,灰黄的花,长裙是灰黄色底,大红色花。 你站在那张红地毯上,亭亭玉立,风姿绰约,显得那么雍容华贵。"后来张道藩反复追忆,当时的蒋碧薇有一头柔顺的黑发,和似乎吹弹可破的雪白肤色。

　　蒋碧薇此时当然不可能料到,就因为这一眼的惊艳,这个男人会与她有半生的情爱纠缠。

　　后来,欧洲的中国留学生,开玩笑成立了一个"天狗会"。 一帮年轻学生,便经常以此为名义聚会玩耍。 徐悲鸿、蒋碧薇和张道藩都经常参加活动。

　　蒋碧薇由此和张道藩越发熟悉了。 她发现张道藩有很多优点,恰恰是徐悲鸿所缺乏的。 在法国依靠有限的官费生活,他们的生活捉襟见肘。 而在蒋碧薇为柴米油盐发愁时,徐悲鸿却我行我素地购置画作,还几次只身前往南洋卖画。 对于蒋碧薇的操劳,他完全视而不见。 因为,他纯粹是一个超然的艺术天才。

而张道藩恰恰关心生活细节，体谅她的艰辛。 这种温存，总让女人觉得温暖。 而张道藩最大的优点，却是他对她强烈的爱，这是蒋碧薇最贪恋的甘泉——此时，她越发感到徐悲鸿对她的冷落。 他最爱的是那些画，而不是她。

1926 年 2 月，张道藩身在意大利，给蒋碧薇写了一封很长的信来。 他火辣辣地向她表白，希望她能来到他的身边。

蒋碧薇被这封信吓了一跳，随即陷入痛苦之中。 她乐于享受张道藩的温存，但这种局限于友情范畴内的张望，并不曾影响她对徐悲鸿的爱。

于是她回信说：请你忘记我吧，你我之间永无可能。

张道藩挖了几年墙角，却被硬砖头震得发晕。 他十分失望，于是很快就和一个叫素珊的法国姑娘结了婚。

蒋碧薇的生活，依然是利用局促的官费，撑过一月又一月的时光。 但忽然有一天，连这种生活也不能维持了。

1925 年，国内政局动荡，留学生官费停发。

徐悲鸿决定，自己一个人回国设法筹措学费，如果弄到钱就回来继续进修。 当时，蒋碧薇已经怀孕。 一个人留在巴黎，独自操持生活。 她的肚子一天天大起来，直到六七个月时，才得到国内的消息：没弄到钱，来新加坡找我吧。

于是 1927 年 10 月，蒋碧薇独自启程。 那时航行时间很长，她坐了几十天轮船，才到了新加坡。 眼巴巴地下船，却被告知：我已经一个人先回上海了，你就自己回来吧。 于是，蒋碧薇又艰难地坐船回上海。

算算时间,这时已经快临产了。

让这样一个高月孕妇独自坐那么久的船,是很危险的事。 需要家人关爱的孕妇,心里肯定也很委屈难受。 如果是现在的 80 后小娇妻,说不定为此就要闹离婚。 可从小娇生惯养的蒋碧薇,却独自坚强地撑回了上海。

所以,她并不是吃不了苦、受不了委屈的女人。

年底,她生下一个儿子,取名徐伯阳。 此时,徐悲鸿已被南京中央大学聘为艺术系教授,每月有了 300 元法币的固定收入。

蒋碧薇是个内心强大的女子,此时也不免有点感触:跟徐悲鸿飘荡 10 年,这时才真正有了家的感觉。

"此后,上天总不会再把我的幸福快乐剥夺了吧? ——如今徐先生是一位声名鹊起的画家,身体健康,精力充沛,正站在他未来康庄大道的起点,用他这支如椽画笔,辟出他的远大前程,我将为他而骄傲。"

然而,眼看生活逐渐安逸稳定,却正是他们感情破裂的开始。

三

1928 年,为了方便在中央大学上课,徐悲鸿带着一大家子,从上海搬到了南京。 他们先在石婆婆巷租房住,后来大学分了宿舍下来,他们就搬到学校宿舍里住。 那时大学老师的福利还不错,在一栋两层小楼里,分了四间给徐悲鸿。

　　蒋碧薇孩子也生了，和徐悲鸿早已生米煮成熟饭，所以和父母也取得联系，和解了。当时，蒋家父母也和他们住在一起。这样一来，房间就有点挤，没有空房间作画室了。好在中央大学又在系里分了两间房子给他，画室也解决了。

　　徐悲鸿的收入算是高的了，养活了这么上有老下有小的一大家子，依然颇有盈余。可是，这时的蒋碧薇花钱也变得很厉害了。

　　蒋碧薇从小就过着优裕的生活，天性里就讲究品质和排场。以前徐悲鸿在创业期，没有享受的条件，她便也默默地艰苦奋斗。可如今，眼看老公处于事业上升期，生活条件大为改善，蒋碧薇觉得没有理由再压抑和委屈自己了。于是她花钱开始大手大脚起来，也试着敞开性子呼朋引伴、请客吃饭。

　　可徐悲鸿已经习惯了吃苦耐劳、艰苦朴素的她，根本不接受她露出本性的样子。关键是，他的收入高是高，也还是有限的。两口子都争着花钱，就不够用了。徐悲鸿迷恋古董古画和金石图章，一见到心爱的藏品，是不吃饭不要命也要买的。而蒋碧薇一看，好哇，你自己把钱花了都不给我花，于是更逆反地对着干——徐悲鸿买多少钱的古董字画回来，她就买多少钱的裘皮大衣回来。

　　后来他们的女儿回忆："父亲生活非常简朴，基本上是棉衫外加长衫，皮鞋实在不能再穿了，就到旧货摊上去买，而对艺术却是爱到无以复加的地步，花再多的钱也再所不惜。而母亲的穿着却超过了讲究的层次；喜欢请客，一请就是很多桌，她是把沙龙夫人的一套搬到家中来了。"

如此,两个人的感情慢慢有了裂痕。

蒋碧薇倔强强硬,决计不向徐悲鸿低头;而徐悲鸿也不会哄女人,只得自己郁郁寡欢地,一天天挨着日子。

1929年,蒋碧薇怀上了第二个孩子。

这时,她又遇到了故人张道藩。 这时的张道藩,已经弃画从政。 他在欧洲时,就被陈立夫拉进CC系。 CC系就是指陈立夫、陈果夫兄弟的势力。 如今,他刚刚当上南京政府主任秘书,看来一副青云得志的模样。

张道藩见到蒋碧薇是惊喜万分。

多年以来,他和自己的法国媳妇始终格格不入,对蒋碧薇也一直未能忘情。 如今重逢,他自然而然就成了徐家的常客。

时隔多年,而昔日的万种柔情依然热烈。 面对这样情根深种的男子,所有女子都要心存感激吧? 在频繁地往来中,蒋碧薇把张道藩当成蓝颜知己,在他爱慕的眼神里寻求慰藉。

但如果没有后来的婚变,她依然不会同张道藩发生什么。

四

1930年,蒋碧薇的婚姻开始走向动荡。

她后来喟叹:"对我个人来说,1930年是一连串不幸的黑色岁月,许多重大的变故都在那一年里发生。"

7月里,她的小弟丹麟咳血不止去世。

11月初,感情深厚的姑母又与世长辞。

在亲人陆续去世的这段时间,蒋碧薇留在宜兴老家,心情哀恸不已。 这时,她接到徐悲鸿的一封不同寻常的信。 徐悲鸿在信里呼唤她:老婆,快回南京来吧。 不然,我可能就爱上别人了!

蒋碧薇见了,反应如天下老婆一样,如晴天霹雳一般,当即带着孩子匆匆杀回南京。 当晚,徐悲鸿一五一十把事情坦白了。

原来,这学期艺术系收了个旁听的女生,叫孙韵君(后徐悲鸿为她改名孙多慈),今年18岁。 徐悲鸿发现她非常有才华,就特别多花了心思指导。 一来二去,他发觉自己喜欢上了她,于是赶紧向老婆坦白"在感情上的波动"。 接下来,徐大师又反复强调:其实我爱的只是她的才华,我给她开小灶也是想把她培养成有用的人才。其实我真的对她没有别的意思,你千万不要多想……

十万火急地把老婆叫回来,还打着"爱上别人"的吓人旗帜,最后又语无伦次越描越黑。 恐怕所有女人都会绷紧了弦,在心里大喊"我不信"! 听到最后,蒋碧薇断定:"在我的感觉中,他们之间所存在的绝对不是纯粹的师生关系。"

这次谈话,给蒋碧薇心里留下了浓重的阴影。

也只有天真懵懂的艺术大师,才能做下这么不靠谱的事来。 他贸贸然就向妻子坦白了感情的游离,过后却越发起早贪黑地跑去亲近孙韵君。 好比他欢天喜地提醒老婆:注意! 我要出轨了哦。 然后就真的跑去出轨了。 其可恶程度,更甚于抵死不认的无赖男人。

难怪,后来蒋碧薇会被逼得抓狂。

此后,徐悲鸿在家的时间越来越少。

他一大早就离开家去上课,下午去画室作画,晚上又到艺术系上晚班。

独自在家的蒋碧薇愣愣看着时间,她心里清楚,徐悲鸿这样早出晚归,是因为画室里坐着一个美妙少女,对他存在着致命的吸引力。加班的老公不一定是出轨,但出轨的老公一定说要加班。

他们一起赴宴时,徐悲鸿也会偷偷抓些瓜果藏起来。蒋碧薇后来知道,这些都是他要拿去送给孙多慈的。

默默煎熬的蒋碧薇,努力克制自己。她希望徐悲鸿对学生的爱恋,会渐渐自动消退,而他会安然回到她和孩子身边。

毕竟,他们有那么美好的时光、那么长久的感情。

1931年,孙多慈正式考入艺术系,拜在徐悲鸿门下。蒋碧薇一听,就有大祸临头的感觉。这一读四年,不出事才怪。她要求徐悲鸿兑现承诺,辞职出国,远离孙多慈。可徐悲鸿听了,却生了很大的气,竟立刻收拾东西离家出走了。蒋碧薇和朋友一起跑到上海,才把他找回来,再也不敢提出国的事了。

于是,徐悲鸿得以和孙多慈朝夕相处。

人们说,徐悲鸿特别喜爱孙多慈,逢人就对她赞不绝口。

人们说,徐悲鸿上素描课,根本懒得看其他学生的作品。只俯首贴耳,亲自指点孙多慈一个人画画。

人们说,徐悲鸿经常给孙多慈开小灶,还给她画肖像画。

人们说,女生宿舍禁止男士出入,但是徐悲鸿却经常到宿舍去找孙多慈，不知道男老师和女学生在里面谈什么。

后来，因为受不了校园里的流言蜚语，孙多慈干脆搬出宿舍，自己租房住。可是这样也阻止不了流言。当时徐悲鸿已是著名画家，他和女学生的绯闻甚至引来花边小报的注意。一个叫《朝报》的，就绘声绘色地登了很多传闻。

在这样的舆论环境下，脾气耿直的蒋碧薇再也忍受不了，火冒三丈，和徐悲鸿经常吵架。旧的隔阂还在，又添新的矛盾，两人关系弄得更加紧张了。

虽然吵吵闹闹，这时徐家的生活轨迹还在正常运转。

很快，他们的住房条件改善了：在傅厚岗的新家修建完成。这是一座漂亮的小洋楼，徐家终于有了徐公馆。这房子来得并不容易。先是国民党元老吴稚晖，资助 3000 大洋买地。后来，吴稚晖又找朋友募捐，才凑钱修起了徐公馆。

1932 年 12 月，一家人从集体宿舍搬进了小别墅。

徐悲鸿很高兴，他从此在家里有了充满阳光的、气派的大画室。以后作画，就不必辛辛苦苦跑到系里去了。把画好的画一张张舒展地铺在地上，很舒服。

蒋碧薇也很高兴，住别墅意味着生活品质更上一个台阶，这里客厅、餐厅、卧室、浴室、卫生间都一应齐全。招待起朋友来，更有排场了。

这时"九一八"事变发生已有一年，国难深重。徐悲鸿为不忘国耻故，又发挥爱给人给物取名改名的癖好，把新居叫做"危巢"。

蒋碧薇反对,觉得太不吉利了。 她发挥自己的天赋,把公馆布置成法式风格,华丽而又不失典雅。 庭院里则是梅竹扶疏、桃柳掩映,令人赏心悦目。

可惜,徐悲鸿取不吉利名字的乌鸦嘴效应,再一次灵验。

这个看似温馨舒适的家,真的变成了一个摇摇欲坠的"危巢"。

很快,一件小事就打破了这一派喜悦场面。

听说老师乔迁新居,孙多慈买了一百株枫树苗,作点缀庭院之用,同时祝贺老师新画室的建成。 没想到,这件事被蒋碧薇发觉了,勃然大怒,可能是觉得被小妖精欺上门来了。 于是吩咐仆人,把那些树苗都折断了,拿去生火!

徐悲鸿眼睁睁看着,又不敢和大发雷霆的夫人抢,痛得心尖尖都在滴血。 但是,搞艺术的人有艺术的示爱方式。 他给自己的画室起名叫"无枫堂",还跑去刻了一方"无枫堂"的印章。 那段时间酷爱画枫树,画完了就盖上"无枫堂"的印章。 意思是作无声的反抗:我就是喜欢枫树,我就是不会忘了多慈,咋样?

蒋碧薇冷眼看着,恐怕恨得连指尖都要掐断了。

他们的关系,也进一步变得冷漠。

五

眼看蒋碧薇就要陷入束手无策的绝望,一个朋友对她说:徐悲鸿马上要和一帮画家去欧洲办画展,你跟着去吧。

蒋碧薇闻言心里一动："这一次欧洲之旅，我本不想同去，因为孩子太小，留在家里实在不放心，但转念一想，假如我不去，万一徐先生带着爱人同行，又怎么办呢？ 还有，我也想趁此机会，看看我们有否重归于好的可能。"

可以看出，这时蒋碧薇还是希望通过努力，挽回婚姻的。 扔下三四岁的两个幼儿，这一走就是将近两年。 她的如意算盘是：通过这段时间的隔离，斩断徐悲鸿同孙多慈的恋情；同时两人在欧洲故地重游，或许可以唤起昔日美好回忆，修复两人因争吵而疲惫受伤的感情。

1933 年初，一行人到了巴黎，同住的画家中有一位黄女士。 黄女士已离异，女儿此刻跟随父亲和继母居住，后来会扬名四海——她的名字叫张爱玲。

当时在巴黎，他们忽然得到一个消息：主办方突然撤漂了。 只留下一半费用，叫他们自己设法筹集另一半。 大家顿时傻眼了。

蒋碧薇拿出自己的交际才干，极力斡旋。 找到驻法公使顾维钧，设法从教育部拨寄了一笔钱来。 后来，法国政府又买下 12 张画，经费问题才解决了。

画展在巴黎引起轰动，大获成功。

接着，他们又去了伦敦、米兰、法兰克福，最后去了莫斯科。蒋碧薇尽心竭力地陪伴着徐悲鸿，协助他筹备画展，空余时间又去临摹名画以及拜访大画家。 虽然一路上小摩擦不断，但在蒋碧薇来说，这已经是她放低身段、向徐悲鸿伸出双手的求和姿态了。

1934 年 8 月，他们结束了 20 个月的欧洲之旅，返回南京。

然而，徐悲鸿在回校后的表现，令蒋碧薇的心越来越凉。

他的离开，仿佛只是按了一个暂停键。他一回来，和孙多慈的恋情就又完好如初地接着上演了。而且，因为小别，他们的恋情更加火热。

徐悲鸿很快组织了一次野外活动，带着包括孙多慈在内的十多个学生到天目山和黄山等地去写生。说是写生，也是旅游。

据说期间，徐悲鸿与孙多慈由于久别重逢，根本不在乎同学们的眼光，相依相伴、亲昵万端。他们终于突破了师生的界限，两个人偷偷躲到一个僻静处接吻。可他们本来就是万众瞩目的人物，于是不幸被偷拍了。

相关流言和照片在学校里广为传播，蒋碧薇快被气晕了。

她苦心孤诣的挽回成了泡影，她这个仪态万方的贵妇成了笑话。而更给了蒋碧薇的心灵以沉重一击的，是徐悲鸿手上的红豆戒指。

蒋碧薇很快搞清：那枚红豆是孙多慈在天目山送给他的。徐悲鸿特地拿去镶嵌了，并刻字"慈悲"。慈是孙多慈，悲是徐悲鸿。

那一刻的蒋碧薇想必是悲愤交集，禁不住要冷笑连连了吧？

当年，他给她改名蒋碧薇。如今，他给另一个女孩改名孙多慈。

当年，他送她刻着"碧微"二字的水晶戒指。如今，他把刻着"慈悲"二字的红豆戒指戴在手上。

所有的结局已写好，
泪水已启程

他的变心和背叛刺痛了她。 蒋碧薇的愤怒决堤，展露悍妇本色。

她当时的样子应该很吓人，满面杀气地提着一把尖刀，冲进了徐悲鸿的画室。 这时，徐悲鸿正在柔声细语地指导孙多慈作画。

她怒不可遏地拍桌跳脚，大喊大叫。 她用刀刺破了孙多慈正在画的画，并且恶狠狠地威胁她：再敢破坏老娘的家庭，这幅画就是你的下场！

接着，蒋碧薇一个转身，又跑去找校长副校长大哭大闹。

全校师生目瞪口呆地看着这场闹剧。

孙多慈始终柔弱无助地缩在一旁，徐悲鸿痛心疾首地看着发飙的妻子。 从此蒋碧薇更令他嫌恶，而孙多慈更值得怜惜。

男人都是逆反的，艺术青年尤其如此。

据说，徐悲鸿在画室里挂了一副对联。

上联：独持偏见。

下联：一意孤行。

横批：应毋庸议。

可见他的个性之一斑了。 蒋碧薇的武力镇压，起到了相反的效果。 徐悲鸿越发厌恶她，而越发觉得孙多慈最美好最纯洁，是他一生的向往。

徐悲鸿的画就是他的心。 他不再为蒋碧薇作画，画中模特变成了孙多慈。 他为孙多慈画了一幅画：在玄武湖畔的台城，天际挂着一轮明月。 徐悲鸿自己席地而坐，而孙多慈侍立一旁。 围巾飘拂的少女,有清新出尘的感觉。

徐悲鸿很钟爱这幅画,取名"台城夜月",和另一幅孙多慈的肖像画一起挂在学校的画室里。

不料这事又被徐先生的"悍妻"蒋碧薇知道了。蒋碧薇恼怒不已,索性把武力镇压进行到底。又一口气冲进学校,把这两幅画都带走了。

徐悲鸿如丧灵魂,回家向蒋碧薇追要。

蒋碧薇义正词严地说:现在学校里已经有那么多流言蜚语了,你怎么不为自己的地位前程考虑一下? 我觉得,这幅画不适合大张旗鼓地挂在学校,还是交给我保管吧。

徐悲鸿哑口无言。但他心里是不服气的,从来也没放弃过寻找。只要蒋碧薇离开家,他就在屋里翻箱倒柜地找画。可惜无果。一说,这幅画已经被妒火中烧的蒋碧薇毁掉了。一说,这画被蒋碧薇藏在朋友家佣人的箱子里,后来失落了。

总之,《台城夜月》没有了。

但心长在徐悲鸿身体里,笔握在他手上。他想作画表达对孙多慈的爱,谁也拦不住他。他后来又给孙多慈重新画了很多肖像。

蒋碧薇不顾一切地想阻止徐悲鸿和孙多慈相爱,于是偷偷给孙多慈的父亲写信。孙父闻讯立刻赶来了,还到徐悲鸿家里来做了客。由于相谈甚欢,徐悲鸿高兴地像个孩子一样。然而,孙父腹里却有自己的看法,认为女儿不该插足别人的婚姻,反对她和徐悲鸿交往。

　　可是蒋碧薇做的一切，都没有用。

　　徐悲鸿的心已离她越来越远。

　　因为徐悲鸿的矢志不改，或许也有张道藩的添油加醋，蒋碧薇陷入情绪的暴走阶段。在家里吵，到学校闹。同时，学生之间也传播着大量的流言。

　　1936年，眼看孙多慈的处境不利，徐悲鸿决定送她去比利时留学。不料，这个情报又被蒋碧薇获悉了。于是，她动用自己的人脉关系，把孙多慈从留学名单上抹掉了。

　　孙多慈毕业后没有好的去处，只好回安徽老家当中学老师去了。

　　眼看精心筹划落空，心上人的前途大受打击，徐悲鸿恼羞成怒，和蒋碧薇大吵一架，彻底反目。

　　"吾人之结合，全凭于爱，今爱已无存，相处亦已不可能。"1936年6月，徐悲鸿接到广西新桂系的邀请，离家出走，跑到桂林去上班了。

　　徐悲鸿这一走，蒋碧薇的心更凉了。

　　从1930年徐悲鸿遇到孙多慈以来，到这时已经过了五六年。在这漫长而痛苦的岁月里，蒋碧薇历经了震惊、隐忍、挽回、失望和发飙的阶段。作为一个对爱的纯度要求很高的女人，她的感情已经被磨灭得差不多了。

　　即便如此，她仍然心怀一线希望。

　　1936年8月，她跑到桂林去，希望劝徐悲鸿回家。

当时徐悲鸿的立场是反蒋的,在广西的报纸上公开大骂蒋介石无礼、无义、无廉、无耻。 而蒋碧薇在张道藩的影响下,变得很拥蒋。

这一次见面,不欢而散。

徐悲鸿拒绝回南京,蒋碧薇忿忿独自回家。

第二天,张道藩来看望她。 或许是压抑已久的愤怒和委屈,或许是想报复徐悲鸿的变心和不领情,或许是在长久岁月里张道藩的爱已经一点一滴渗透了她的心扉。 这一夜,38 岁的蒋碧薇,不顾一切地投入了张道藩的怀抱……

虽然出轨了,但蒋碧薇仍对徐悲鸿怀有幻想。

她写信给张道潘说,我们的爱永无结果,还是把我忘了吧。

可张道藩深陷热恋之中,疯魔了一般给她写信。 他说,他愿意等。 在一封信里,他一口气写了 11 个等字,后面是 11 个惊叹号!

一边是火热的情人,一边是冰冷的丈夫。

蒋碧薇心情复杂地数着一天天的日子,并不知道未来作何选择。

很快发生的一件事,让徐悲鸿在蒋碧薇心里彻底画上了句号。

1937 年,抗日战争爆发。

徐悲鸿没有关心妻儿的安危,而是在乱世之中找到了孙多慈一家,把他们接到桂林来。 他们在一起,度过了几个月的快乐时光。

徐悲鸿被爱情冲昏了头脑,自觉时机已经成熟。 于是到《广西日报》上刊出了一则与蒋碧薇脱离"同居关系"的启事。

蒋碧薇看到报纸时，心里肯定宛如被狠狠刺了一刀。

她 18 岁跟他私奔，甘苦与共 20 年，还生有两个孩子。 不论感情如何变迁，他都是她曾希望白头偕老的丈夫。 如今他为了追求新欢，不但绝情抛弃妻儿，还刻薄地形容为"同居关系"，实在不厚道。

徐悲鸿的朋友，当即拿着这份报纸去找孙多慈的父亲，请他同意让女儿和徐结婚。 然而，孙父觉得徐悲鸿道德有问题，坚决不同意女儿嫁给他，并且立刻带着全家离开了桂林。

徐悲鸿愕然又茫然。

1939 年，孙多慈另嫁许绍棣。

徐悲鸿心情郁闷之极，接受印度诗圣泰戈尔的邀请，前往新加坡和印度讲学。

这一走，就是三年。

回来时，蒋碧薇早已视他为路人。

至此，这一场堪称惨烈的婚变尘埃落定。

六

自从徐悲鸿离开后，蒋碧薇就外出工作，靠教书养活两个孩子。

抗日战争爆发后，她带着孩子撤退到重庆，继续教书养家。

这一期间，是张道藩给了她爱的滋养。

据说，他们之间的通信，有两千封之多！而其间的情意绵绵，足以成为情书的经典。 写情书是他们都喜欢的表达情意的方式，不但身隔两地时频繁通信，就连身处一栋小楼里，也要写信来增强情趣。

开始，蒋碧薇还挣扎过："我恨我没有勇气脱离你，要是有办法教你忘掉我，或者不爱我，我真什么都愿意做……我始终认为，天下没有不散的宴席。"

对徐悲鸿完全死心后，她就完全投入了与张道藩的热恋里："心爱的，我想你；我行动想你，我坐卧想你，我时时刻刻想你，我朝朝暮暮想你，我睡梦中也想你。 宗，我有一个谜语，要请你猜猜，若猜中了，我会给你一千个吻作奖品，若猜不中，那就罚你三个月不准吻我……"

失恋失婚，对一个中年女人而言是巨大的创伤。 此时一段新的恋情、一个新的爱人，可以迅速把她从无底深渊中拯救出来。

张道藩对于蒋碧薇，就是有如此的恩德。

所以，她一生都感激他那份雪中送炭的爱。

她后来写回忆录，徐悲鸿只占三分之一，且字句平淡；而张道藩占三分之二，文字间充满深情。

1942 年，徐悲鸿回国来到重庆。

这几年他过得很不如意。 一段失败的婚外恋，对一个中年男人的打击也是巨大的。 他抛弃了相依为命 20 年的婚姻，却没能及时建立一个充满激情的新家。 内心的挫败感和孤独感，足以把他湮灭。

此时，孙多慈那里已经无望，他自然而然想要回归家庭了。 他很想挽回和蒋碧薇的关系。

可蒋碧薇不愿意了，她绝不愿"再和一个要恶意遗弃我的人共同生活"，希望徐悲鸿"另找女人"。 没有爱的蒋碧薇变得绝情，她甚至不让徐悲鸿住进她的家。 连两个孩子，也觉得母亲太狠心了。

据说，徐悲鸿曾经满面流泪地乞求蒋碧薇，但被拒绝了。

据说，蒋碧薇的父亲去世时，徐悲鸿希望出些钱办丧礼，也被拒绝了。 强干的蒋碧薇把经济账分得很清楚。

据说，徐悲鸿曾经六次提出复合，都被拒绝了。

此时，他们的位置刚好掉转。 现在是蒋碧薇和张道藩陷入热恋，怀着报复心狠命地折辱徐悲鸿。

徐悲鸿的耐心很快就用完了。 眼见复合无望，他又开始了第三春。 1943 年，徐悲鸿为中国美术学院招考女资料员时，选中了 19 岁的廖静文。 时年近 50 岁的徐悲鸿，和年轻的廖静文开始了一段恋情。

为了尽快开始新生活，法律意识不强的徐悲鸿又使出老一招：1944 年 2 月，他登报和蒋碧薇断绝同居关系，随即和廖静文订婚。

蒋碧薇极为恼火，讥为"一树梨花压海棠"。 最终她同意离婚，但狮子大开口地要了一大笔赡养费和儿女教育费——要 100 万元以及 100 幅徐悲鸿的画。

从此，徐悲鸿就开始了夜以继日的赶稿生活。

廖静文说，徐悲鸿当时日夜作画，站着作画，不久就因高血压与肾炎病危，住了四个月的院。 徐悲鸿告诉廖静文，他要给她名分，因为结婚才有社会地位。 廖静文很感动，为此也恨死债主蒋碧薇了。

1945 年底，徐悲鸿和蒋碧薇在重庆正式离婚。 那一天，徐悲鸿提着满满一麻袋的钱和国画。 "徐先生神情颓丧，脸色苍白，自始至终,他一直低着头。"蒋碧薇清点完毕,满意地签字,然后高高兴兴地去打麻将了。

蒋碧薇现在不痛苦了,因为她早就痛苦过了。

徐悲鸿心情复杂,可是他也完全不欠蒋碧薇什么了。

1946年初,徐悲鸿和廖静文结婚。

九年之后,徐悲鸿在北京病逝,年59岁。

七

蒋碧薇和儿女的感情并不深。

她是自私的女人,更爱自己,其次才是父母儿女。

婚变时孩子还小,长大了亲眼目睹的,却是母亲和张道藩的情人关系。蒋碧薇一心追寻自己的幸福,并没有为儿女牺牲的意愿。

因此,徐悲鸿回国后,一儿一女就先后离家出走了。

到1949年,蒋碧薇跟随张道藩去台湾时,也没有带走儿女。她独自一个人,追随爱着的男人而去。

她原本没有决心去台湾,可张道藩催得很紧。他说,现在到处都不安全,你只有跟我去台湾。他时刻挂念着蒋碧薇:"我但有片刻独自一人在,或就寝前,或早起后,都在想念你!"

蒋碧薇明白,他是真想带她走,于是下定决心去台湾。

张道藩很高兴,在台北给蒋碧薇订了一幢房子,又特意给她买了一台收音机,怕她到台北后感到寂寞。即使这样,他还是时刻提心吊胆："雪，与你匆匆离别，我的心无时不在为你忧惧，由于种种推测和幻想，使我心神不定，忘寝废食……到今天，我才知道我爱你的深切，简直无可比拟了。只盼你能够安全地抵达台北，那就是我莫大的幸运了。"

蒋碧薇和张道藩先后抵达台湾。

张道藩找个机会，把自己的法国老婆素珊和女儿送到澳洲，一住就是 10 年。这 10 年，也是蒋碧薇一生中最幸福的时光。

他们在自己的寓所里，激情地拥抱和接吻，宛如真正的夫妻一样相处。蒋碧薇再次发挥自己的天赋，把他们的家装点得犹如世外桃源。屋前屋后是大片的草地，以及葱郁的大树和鲜艳的花朵。另外，还有一个漂亮的鱼池。

蒋碧薇充满柔情和感激，悉心照料张道藩。他有胃下垂，她就细心搭配他的食物。他患了急性喉炎，蒋碧薇衣不解带地服侍他。

张道藩是和徐悲鸿不一样的男人。

他爱她，也乐于陪她。她的一腔柔情，终于有了用武之地。

可是，她和他之间，还有他的一对妻女。

过了 10 年幸福生活，张道藩说，他想念澳洲的妻女了，想接她们回来。

玲珑如蒋碧薇，立刻就明白了他的潜台词。

分手，已近在眼前。

这是 1958 年底，张道藩 61 岁，蒋碧薇 59 岁。

蒋碧薇无法向张道藩再索要什么，他给她的已经够多了。在张道藩启程去澳洲前,她黯然去南洋旅行了。

五个多月的旅行结束后,蒋碧薇重新回到台北,感到张道藩变得很疏远。

不久,素珊和女儿从澳洲回到台北。 蒋碧薇把鲜花送到他们的新居,并给张道藩写了最后一封信:"自从我被悲鸿遗弃以后,如果没有和你这一段爱情,也许我会活不下去……感谢你给了我那么多温馨甜蜜的回忆……我们有整整十年的时间晨昏相对,形影不离。 在这迟年伤暮的时候,绽放了灿烂的爱情花朵。 十年,我们尽了三千六百五十日之欢……往事过眼云烟,我们的情愫也将结束……欢迎素珊和丽莲的万里归来,祝贺你们乔迁新居,重享天伦之乐……雪。"

此后,蒋碧薇结束了和张道藩绵延一生的爱恋。

她卖掉了所住的大房子,换了套小房子,把剩下的钱作养老用。当这笔钱也用光后,她就靠卖徐悲鸿给她的画为生……

晚年,她很想念一双儿女,把他们的照片摆在桌上。

1968 年,张道藩病逝。 他爱了蒋碧薇一生,却把剩下的 10 年交还给了妻女。

1978 年 12 月,蒋碧薇独居 18 年之后去世,终年 79 岁。

徐悲鸿侄女徐雪评价她说: "蒋碧薇那么骄横,你说她也蛮可怜的。 她这一辈子,实际上从来也没结过婚。"

徐悲鸿和张道藩,说起来都抛弃了她。

可自始自终,蒋碧薇只恨徐悲鸿,一点不怨张道藩。

孙多慈\矜持的小三转不了正

一

在蒋碧薇的婚姻里，孙多慈是一个横刀夺爱的掠夺者。

就孙多慈本身的命运来看，却是一个很不走运的女孩子。

她拥有超过林徽因的美貌和才华，却没有林徽因的好命。 如果她没有遇到徐悲鸿，而是嫁给一个如梁思成般温润如玉的君子，琴瑟和谐，未必不是一对胜过梁林夫妇的经典组合。

孙多慈成不了另一个林徽因，或许是因为她缺乏足够的坚定与智慧。 其实，她和林徽因的命运何其相像。 都是在十多岁的花信年华,被一个有妇之夫的大师级人物钟情。 但林徽因坚定地拒绝了徐志摩,而孙多慈却一头栽进徐悲鸿的情网,任同样晕乎乎的徐悲鸿牵着东碰西撞。

碰散了徐悲鸿的婚姻,也撞碎了自己的一颗心。

孙多慈的不幸,在于她本是一个不适合做小三的人,却因缘机缘地充当了小三。 明明是她毁掉了别人的婚姻,但临了又没有勇气承担恶名。

其实,她只要有蒋碧薇或陆小曼一半的勇烈,就可以和徐悲鸿成为一对画坛的神仙眷属了。 徐悲鸿已经做了那么多,她却没有勇气迈出一小步。

坏事做到底,是蒋碧薇一个人的地狱。

坏事做一半,却是他们三个人的不幸。

二

孙多慈原本不叫孙多慈,叫孙韵君。

多慈,是后来徐悲鸿为她改的名字。

1913 年,她出生在安庆。

她的出身,也是资深的书香门第。 祖父孙家鼐,和翁同龢同为光绪帝的帝师,还创办了京师大学堂,也就是如今声名远扬的北大的前身。 她的父亲孙传瑗,也是饱读诗书,在安徽省政府当秘书。 母亲算是新女性,在小学当老师。

所有的结局已写好，
泪水已启程

这样的家庭，虽然不是很富贵，但文学、艺术的氛围却很浓厚。养出来的女儿，是很有一种腹有诗书气自华的气质的。

孙多慈七八岁时，就喜欢画画。夹着一个小画本到处跑，看到什么就自学成才地画下来。有一次被父亲无意中看到了，很是惊喜："这是你自己画的？ 哎呀，韵君还有画画的天分！"

孙多慈回忆："吾自束发从受书时，以吾父吾母嗜文艺，故幼即沉酣于审美环境中；而吾幼弟括，对于绘画音乐，尤具有惊人之天才。姊弟二人，恒于窗前灯下，涂色傅采，摹写天然事物，用足嬉憨。吾父吾母顾而乐之，戏呼为两小画家。 初为天性趋遣，直浑然无知也。"

孙传瑗很重视对子女的培养，见女儿对画画有兴趣，就给她请了家庭教师。一位是阎松父，是当地一个有名的画家。阎松父教了几天，就发现孙多慈确实有天赋，但是又很惊讶：明明是个秀气的小姑娘，怎么笔风这么野，像个男孩儿？

后来孙传瑗认识了一个叫萧谦中的北京画家，就请他看看孙多慈的画。萧谦中一看，觉得是个可造之材，就说你以后来找我学画吧。不料孙多慈没看上他，觉得他的画不够大气，不想跟他学。

其实，孙传瑗觉得画画只是个业余爱好，他希望女儿能当女作家。

当时孙夫人有个关系不错的女同事，叫黄淑仪。黄淑仪喜欢写小说，还把她们那所学校的女校长的故事，也写进了小说里。结果这本小说红了。黄淑仪就是后来颇有影响的女作家庐隐，这本小说就是她的成名作《海滨故人》。

另外，孙传瑗本人也认识一个大作家——当时也在安徽教书的郁达夫。孙传瑗并不怎么喜欢郁达夫本人，但毕竟大作家的名气在那儿呢。

有了这两个现例，孙传瑗就希望孙多慈也走上新式女作家的路。因此，孙多慈对诗书文章也比较用心。她时不时给报社投点稿，还发表过两篇，令父亲非常高兴。最后孙多慈到底没走上女作家的路，不过她和徐悲鸿诗书唱和，靠的都是小时候打下的基础。

高中时，孙多慈进了安庆女中，被公认是校花。

孙多慈容貌秀美,气质温柔。 女作家苏雪林描写她:"白皙细嫩的脸庞,漆黑的双瞳,童式的短发,穿一身工装衣裤,秀美温文,笑时尤甜蜜可爱。"

上学时的孙多慈,是一副典型民国少女的打扮:上身是月白色的大袖衫,下身是蓝色的短裙。 留着齐耳短发,衬着娇艳的脸庞。就算端正低调地走在街上,也会引来无数惊艳目光,回头率极高。

看孙多慈的照片,即便到了中年,脸庞都是非常柔美端庄的。

说她是美才女,确实没有一点水分。

1930 年,孙多慈高中毕业,报考了南京中央大学文学系。 她本来想考艺术系,可是鉴于父亲希望她著书立说,只好选择去进修文学。

可高考之前,家里却出了大事。

包括安徽在内的东南五省,一直是孙传芳的势力范围。 孙传瑗也一直在孙传芳的政府里任职。 官儿并不大,只是个秘书。 但是基于想和老板搞好关系的人之常情,当有个机会摆在眼前时,孙传瑗就亲热地和孙大帅叙了族谱。

当时以为拉个靠山,后来却贻害无穷。

1927 年,蒋介石在南京成立国民政府,开始亲算孙传芳的朋党。清算了两三年,终于清算到"族人"孙传瑗头上,于是发出通缉令,把他抓到老虎桥监狱里去关着服刑。

孙家人一直都是良民,遭逢如此大变,都慌了神。

尤其是孙多慈,心神恍惚之下,高考也砸锅了。

孙传瑗在牢里知道了,非常着急,就说女儿你赶快去找一个叫宗白华的老乡想想办法,别耽误了你的前程。

于是,孙多慈就一个人去找宗白华。 当时,宗白华是中央大学文学院的教授。 宗白华和孙传瑗关系很好,也听说孙多慈是个优等生,所以乐意帮忙。

孙多慈看似乖乖女,但也有自己的小算盘和小反叛。 明明是考文学院落了榜,她和宗白华谈下来,却成了要去艺术系旁听。 可能因为,她心里还是更喜欢画画。

一开始,她想拜在潘玉良门下。 可是宗白华跟潘玉良不熟,就建议她跟哥们儿徐悲鸿学画。 徐悲鸿名气更大,孙多慈当然喜出望外。

于是,宗白华就领着怯生生的孙多慈,去徐悲鸿的画室了。

在孙多慈的眼里,名震海内外的徐悲鸿,是光环无限的大宗师。当时大宗师正在作画,不耐烦地问了她几句,又看了她几幅画,并没有太在意。 最后,冲着宗白华的面子,他收下了这个旁听弟子。

<h2 style="text-align:center">三</h2>

当时的孙多慈,是班上绘画基础最差的一个。

这是当然的,她小时候练的都是国画,并没有学过油画。 加上她是旁听生,也就是落榜后又交一大笔钱来听课的编外学生。

徐悲鸿一开始完全无视她,是很自然的。

所有的结局已写好，
泪水已启程

但是，悟性超群的孙多慈，很快就以神速的进步，令徐悲鸿刮目相看。短短两三个月时间，她的素描成绩就从倒数第一跑到了全班中上游水平。

这种快速进步所暗藏的绘画才华和潜力，徐悲鸿一眼就看出来了，因此很惊喜地着力辅导孙多慈。徐悲鸿一再向夫人蒋碧薇辩解，他对孙多慈是爱才之心，想必也不完全是假话。他对孙多慈的特别注目，原本就是由才及人。

但注目的时间长了，也就容易出问题。

尤其是一个盛年男老师和一个美少女学生。

尤其是这个男老师正在经历婚姻 13 年之痒，对花钱如流水的老婆意见很大，对自己的婚姻生活感到非常苦闷。

尤其是这个女学生不但才华横溢，而且越看越觉得秀色可餐。说大师受到了美色的诱惑，是不是太庸俗了？其实不是。大师的专业就是审美，他比一般人更渴求美、对美更敏感。而且什么是美女？就是看起来比普通女子更和谐，更舒服，更身心舒畅。

于是，孙多慈很快成为徐悲鸿最钟爱的学生。他对她赞不绝口："慈学画三月，智慧绝伦，敏妙之才，吾所罕见。"他还赞叹她，有清新纯洁的少女美。

老师对于钟爱的学生，一般都会开点小灶。

徐悲鸿也不例外。艺术系的小灶开起来也很浪漫，比如一起出去踏踏青聊聊艺术和人生，然后再指点学生写生之类的。

一开始孙多慈不懂行，穿着高跟鞋去长途跋涉，走到脚痛。徐悲鸿便关切地叮嘱她:你真是生活经验不足啊,走远路就该穿平底鞋。 看看,脚痛了吧?

徐悲鸿到教室的第一眼,就不自禁地先寻找孙多慈的位置。 上课时特别关照她,细心指点她。 要是哪天孙多慈请病假,徐老师就会很烦躁,上课脾气也大。

后来再熟悉一些,徐悲鸿就邀请孙多慈去担任他的肖像画模特。 有大师给画像,多荣耀啊。 孙多慈沉浸在这种如师如父如情人的朦胧感情里,天天往徐悲鸿的画室跑。 徐悲鸿体贴地为她准备好新鲜水果,孙多慈摆姿势摆累了,他也微笑着允许她稍微走动或是喝点水。

徐悲鸿没有发觉,他为妻子蒋碧薇作画的时间渐渐少了,而为孙多慈作画的时间却渐渐多了。 画就是他的心,心里装着的人,已经慢慢变了。

他们真正走向师生恋,应该是在台城。

台城在玄武湖畔,是一段六朝时期的古宫墙。 这一带有山有水,有古迹有美景,是南京附近的旅游胜地,也是艺术系师生写生的好去处。

1930 年底,徐悲鸿约上孙多慈,两个人到台城写生。

湖面雾气蒙蒙,心里柔情氤氲。

如果画家带徒弟,都是这样一对一的机制,出点问题应该是常态了。

据说,就是在某次台城之行,孙多慈向老师吐露了家庭遭遇巨变、父亲被押解下牢的秘密,两个人的心灵因此越发亲近。 而对她又怜又爱的徐悲鸿,冲动之下便亲吻了她。

从此,盘旋在两个人心头的暧昧情愫,骤然明朗化,熊熊燃烧起来。

相比之下,徐悲鸿的心理压力更大。

因为他是有老婆的。 虽然这几个月,老婆不在身边。 因为连续有亲人离世,所以蒋碧薇一直待在老家宜兴。 和所有出轨初期的男人一样,他既对新恋情有狂热的向往,又有对家庭有理智的留恋。

在这种心理下,他的行为非常矛盾。

他一方面给蒋碧薇写信,十万火急地催她回来,并很诚实地说:你再不赶快回来,我就要爱上别人了!

一方面他又煎熬无比地跟朋友舒新城吐露悄悄话:"新城吾兄惠鉴,明日太太入都矣。 小诗一章写奉,请勿示人,或示人而不言所以最要。"诗曰:

> 燕子矶头叹水逝,秦淮艳迹已消沉;
> 荒寒剩有台城路,水月双清万古情。

其实看起来是很平常的一首诗,但因为隐藏着"台城定情"的大秘密,所以被徐悲鸿列为机要文件。 在台城经历的心灵悸动,在徐悲鸿心里留下了难以磨灭的记忆。 后来那幅引起蒋碧薇大大吃醋的《台城夜月》,就是以此为背景的。

四

蒋碧薇回来了,她和孙多慈之间历时六七年的战争,从此拉开序幕。

就蒋碧薇而言,期间种种,都是如下地狱般的黑色记忆。

但对孙多慈,同样的事情,却是她回味一生的美好回忆。

苏雪林为她长叹:"孙多慈何其幸也,才出家门,甫进画坛,就遇到了徐悲鸿亦师亦父般的看顾和提携;但她又何其不幸也,他们之间,很快就突破师生之谊成为儿女情长。"

苏雪林认为,这一场师生恋,实际上是误了孙多慈。

的确,徐悲鸿有着艺术家的天真冲动,以及犹豫不决的柔弱个性。 他做不到断然抛弃妻子的冷酷,也做不到慨然回归家庭的理性。 就只能一段时间亲近这个,一段时间安抚那个,结果是两边伤害。

蒋碧薇回来后,他却忘记了自己保卫婚姻的承诺,情不自禁地和孙多慈越走越近,任自己的感情越陷越深。 等蒋碧薇忍无可忍地发火,他才蓦然惊醒,用残存的理性认清婚姻摇摇欲坠的现状。

这时,他又一把甩开孙多慈,想要维护一下家庭。

1933 年到 1934 年,近两年时间里,他带着蒋碧薇到欧洲去举办画展。 蒋碧薇固然希望借此一行,恢复往昔的感情。 徐悲鸿心里,最初未尝没有这样的念头。 可惜在行程里,他和蒋碧薇依然争吵不断,他对孙多慈的思念依然无法斩断。

在欧洲之行里,他一直和孙多慈保持着密切的通信。

而孙多慈经历了离别之苦,在缠绵的鱼雁传书之中,一颗懵懂的少女之心,才真正体会到了徐悲鸿的一往情深。

他们的恋情,隔了时空,反而燃烧更热烈。

等徐悲鸿回到国内,见心上人姿容越发秀美,画技越发进步,心里别提有多兴奋了。

很快,著名的"天目山事件"上演了。徐悲鸿带着孙多慈等学生,到天目山、黄山去远游写生。旷别多时的两个人,互相怎么也看不够,相依相伴亲昵万状。据说,两个人躲到无人处去咬耳朵,倾情长吻时,还被八卦的学生给偷拍了。

后来徐悲鸿的拥趸们反驳说,纯属瞎编,徐悲鸿不会做那样的事!——奇怪,拥抱亲吻是一般小情人都会做的事,艺术大师岂能不会?——当然这是说笑了。此时的徐悲鸿也就是个陷入爱河的普通男人。

天目山产红豆。绿叶摇曳间,颗颗红豆殷红如血。看在有情人眼里,别有一番意味。孙多慈挑了两颗最大最饱满的,含情脉脉地送给徐悲鸿。徐悲鸿心有灵犀,回去后就找匠人嵌到戒指里,并镌刻"慈悲"二字。

不成想,此时关于他和孙多慈师生恋的谣言,早就风生水起了。他又大摇大摆地戴个定情戒指在手上,更惹得蒋碧薇妒火大盛。

被彻底激怒的蒋碧薇,开始了武力压迫孙多慈的进程。

据说，蒋碧薇曾到女生宿舍找过孙多慈，叫她离自己老公远一点。

据说，蒋碧薇还派人到教室黑板上，用污言秽语羞辱孙多慈。进来上课的学生们都交头接耳，而孙多慈和徐悲鸿则极为尴尬。

据说，蒋碧薇还追杀到画室，用尖刀把孙多慈的画作捅破，还进行人身威胁说：再勾引我老公，这幅画就是你的下场！

据说，蒋碧薇还找到校领导吵闹，要他们干预徐悲鸿和孙多慈之间的事。

一边是大发雌威日久生厌的老婆，一边是忍辱负重此情不渝的情人。任何男人的反应恐怕都是相同的。蒋碧薇越想挽回他，他就越是痴迷孙多慈。

徐悲鸿几乎不再为蒋碧薇作画，他只画孙多慈。

有两幅画，他尤其得意。一幅是孙多慈的肖像画，另一幅就是《台城夜月》。徐悲鸿把这两幅画，高高悬挂在自己的画室里。

蒋碧薇开始并不知情，直到一个偶然的机会。

"有一天，盛成先生陪着欧阳竟无先生到我们家来拜访，坐谈之下，欧阳先生提起想要参观徐先生的近作，徐先生便请他到中大画室去，欧阳先生也邀我同行，我没有理由拒绝，就陪他们到了那里，一进门就感到非常惊异，因为我一眼就看到两幅画：一幅是徐先生为孙韵君画的像，一幅题名《台城夜月》，画面是徐先生和孙韵君，双双地坐在一座高岗上，徐先生悠然而坐，孙韵君侍立一旁，项间一条纱巾，正在随风飘扬，天际一轮明月。"

　　蒋碧薇这个时候肯定是气懵了。任谁都可以看出徐悲鸿和画中女子关系不一般。她不仅伤心，还伤面子。她要是不做点什么来报复，就不是蒋碧薇。

　　于是，蒋碧薇趁徐悲鸿不在，跑到画室取下了那两幅画，叫一位学生帮忙抬回家，隐秘地藏了起来，也可能是毁掉了。徐悲鸿心痛不已，但也没办法。

　　无论对于徐悲鸿还是孙多慈，挡在他们中间的蒋碧薇，都是一个很难对付的角色。因为蒋碧薇不像徐悲鸿那么冲动，做事沉得住气

　　且老谋深算。 只要她一出手,徐孙二人每每就一阵心悸,只好闭上眼睛接受重创。

　　而且,蒋碧薇会闹也敢闹。

　　她不仅去找徐悲鸿的顶头上司告状,也会在朋友圈里博取同情。 尤其是她和名流太太们关系很不错,中年太太们心有戚戚焉,自然完全站在她那边指责徐悲鸿。 这一切,给徐悲鸿造成了很大的压力。 徐悲鸿曾恨恨说,她这个人太会造舆论了,太难对付了!

　　而蒋碧薇给孙多慈造成的压力就更大。 同学们对她独得徐悲鸿的钟爱和指点,本来就有意见。 加上她介入授业恩师的家庭也是事实,流言蜚语一时不止。 孙多慈个性温柔内向,对于蒋碧薇这种泼妇兼悍妇的闹法,除了躲避隐忍,一点办法也没有。

　　同学们都疏远她,流言围绕着她。

　　在艰难的处境中,她只有一个要好的朋友,那就是数学系的吴健雄。 这名字很豪气,其实是一个女孩子。 吴健雄后来赴美研究物理,成就非凡,被称为“中国的居里夫人”。 当时,吴健雄以一个理科女生的理性劝告孙多慈:“你不能这么优柔寡断,当断则断,不能不面对现实,弄得一团乱。”

　　但是,文艺女青年孙多慈依然优柔寡断,并且和同样优柔寡断的徐悲鸿一起,把一张情网扑腾成一张乱网。 孙多慈虽然受到了很多无妄之灾,但让她感到甜蜜和幸福的是,徐悲鸿始终坚定地站在她身边。

　　有爱就有希望,她舍不得离开。

在蒋碧薇粗鲁的棒打鸳鸯之下，徐悲鸿和孙多慈的爱情依然坚挺。

但不死心的蒋碧薇，又发动了新一轮的进攻。

她用了所有的招数，一哭二闹，找单位找家长。这一次，她是给孙多慈的父亲孙传瑗写了一封信，措辞很客气，但意思很明确——请管好自家的女儿。

孙传瑗此时早已脱了牢狱之灾，一看信差点没背过气去。不过孙传瑗也是在官场上混了多年的人物，怎么可能凭一封来历不明的信，就相信掌上明珠成了小三呢？于是，孙传瑗不动声色，快速来了南京。

徐悲鸿一听孙父驾临，或许已把孙传瑗当作未来岳父了，慌慌忙忙就要前去旅馆拜见。朋友拦住了：不好吧。不过是学生家长而已，你可是堂堂画坛大师！

于是，徐悲鸿就定了桌酒宴，给孙传瑗接风。

席上宾主尽欢。孙传瑗含笑提出：能不能上贵府拜访一下？

徐悲鸿又惊又喜，自作多情地以为孙传瑗听到了风声，想考察一下未来女婿的家底。于是连忙通知蒋碧薇——备宴，有贵客到！他从来没想过，要求夫人招待情人的爹，有多荒谬？

孙传瑗如约到访，蒋碧薇镇定接待。她回忆说，当时一桌子人，就属徐悲鸿最兴奋。不知道他手舞足蹈地在高兴什么。或许，他是爱屋及乌吧，打心眼里希望能讨好孙多慈所敬爱的父亲。然而，徐悲鸿毕竟是太天真了，他斗不过蒋碧薇，也斗不过孙传瑗。

孙传瑗结束此次考察，得出处理意见：徐悲鸿和蒋碧薇结婚十余年,原本妻贤子孝、家庭美满(虽然一定程度是事实,也是蒋碧薇关键时刻会表现),徐悲鸿却见异思迁,人品很有问题;女儿多慈插足他人婚姻是事实,这种行为在孙家绝对不能允许!鉴于多慈年幼无知,所以让夫人亲自到南京来陪读,顺便好好看管女儿。

于是,深受流言困扰的孙多慈,干脆搬出宿舍租房居住。孙母也过来和她一起住,不许她和徐悲鸿接触。

徐悲鸿尽心尽力招待了一番,却不想给"未来岳父"留下了根深蒂固的恶劣印象。今后他和孙多慈好事难成,很大程度上就是由于孙传瑗的坚决反对。

蒋碧薇这一招可算厉害。可惜,于自己的婚姻却并没有裨益。

五

毕业前,大学生们都忙着找工作。孙多慈也不例外。

1935年,眼看孙多慈7月份就要毕业,巴心巴肝的徐悲鸿早就为她考虑好了前程:比利时退回我国的庚子赔款,设立专项基金,作为中国选派留学生的费用。徐悲鸿打算为孙多慈申请比利时留学。

以孙多慈的才华,如能出国深造,当然能再上层楼。但这种免费的好事,不知多少双眼睛盯着。徐悲鸿再有面子,也得孙多慈拿出点成绩来服众。这一点徐悲鸿早就考虑到了,所以在三四月间,就筹划着为孙多慈先出一本画册。

徐悲鸿找上了老友舒新城,请他帮忙在中华书局出书。舒新城

所有的结局已写好，

泪水已启程

够哥们儿，一口答应了。 徐悲鸿大喜，因为舒新城赏识孙多慈的画，而欢呼"公道犹在人间"。

铺好路之后，孙多慈就高高兴兴地带着画去上海了。 没想到，舒新城又打起了太极，要孙多慈不要着急，因为出版总是需要一个周期的，还举例说"徐先生（徐悲鸿）的书一摆两三年"。

孙多慈一听要那么久，不干了，回去跟徐悲鸿撒娇。

徐悲鸿赶紧再给舒新城写信施压："孩子心理，欲早观厥成。彼闻足下言，'徐先生的书一摆两三年'大为心悸，特请弟转恳足下早日付印，愈速愈好，想吾兄好人做到底，既徇慈情，亦看弟面，三日出书，五日发行，尊意如何？"

273

这话足见徐悲鸿宠爱孙多慈到昏头的地步了，他要求的不是地球速度，而是火星速度，因为即便在今天的出版界也办不到。

由于徐悲鸿再三催促，《孙多慈素描集》很快于1935年9月出版了。宗白华为她作序："落笔有音，取像不惑，好像前生与造化有约，一经晤面即能会心于体态意趣之间，不惟观察精确，更能以艺术为生命为灵魂者。"

同时，由于徐悲鸿的推荐，孙多慈的油画《石子工》入选全国美术展览会。刚毕业的大学生，又出画册又入选顶级展会，孙多慈的成绩算很骄人了。这时，徐悲鸿要推荐她去留学，已是水到渠成。

没想到，这一切被蒋碧薇获悉了。

原来，徐悲鸿帮孙多慈跑关系的时候，求到了谢寿康头上。而谢太太恰好和蒋碧薇相熟，就特地来通知了她。

其实，孙多慈如果出国，对蒋碧薇未尝不是一件好事。

可蒋碧薇被怒火冲昏了头，一定要徐悲鸿的满腔情意付诸东流，一定要孙多慈失意而不要她出国深造。她跟徐悲鸿大吵，徐悲鸿完全当没听见。蒋碧薇便开始秘密活动起来，动用自己的关系网，不惜一切要把孙多慈踢出留学名单。

等到最后留学名单公布时，果然没有孙多慈的名字。

孙多慈很黯然。

徐悲鸿很恼火。

蒋碧薇很开心。

徐悲鸿恨极了蒋碧薇，写信给友人抱怨："弟月前竭全力为彼

274

谋中比庚款,结果为内子暗中破坏,愤恨无极。"

眼看大好前程无望,孙多慈只好回安庆,到省立三女中去教书。

人生最痛苦的不是一直平淡,而是有一个机会离天堂那么近,却转眼被踹下云端。 孙多慈经历了这样一个大落差,心情非常郁闷。

孙多慈的小表妹陆汉民,正在读初二。 她回忆,当时表姐郁郁寡欢,有时还偷偷流泪。 学校里有一个很帅的英语老师,苦苦追求孙多慈,可孙多慈却眉毛都懒得抬一下。 孙多慈忧郁地对表妹说:她一辈子想着的只有徐老师。

那时,徐悲鸿仍然在多方努力,设法为她谋得一个好前程。

从他写给舒新城的信里可以看出来,他一会儿叮嘱,多多给《孙多慈素描集》造势宣传;一会儿提议,再给多慈出本书吧,她译介的《伦勃朗画集》很不错。

后来,他为了鼓励孙多慈继续作画,又灵机一动,想到了"匿名购画"的点子。 就是说,让舒新城出面去购买孙多慈的画作,银子由他出——"请将弟存款内拨二千五百元陆续购买孙多慈女士画,详细办法另纸开奉。"

2500 块大洋啊,可不是一笔小数目!

要知道,当时高薪族徐悲鸿的工资,也才三百块呢。

徐悲鸿只有打破不卖画的传统,放下清高四处兜售作品,来凑齐这笔巨款了。

蒋碧薇回忆:"以前徐先生从来没有卖过画,也不曾在国内举行过画展。 这一回,他算是一改自己的作风,为了卖画,不惜奔走权

275

贵豪富之门。展览会半公开地举行,据说卖出了若干幅画,得到了几千元的现款,但这些钱是否寄给了孙韵君,我一点也不知道。至于孙女士究竟到什么地方去奋斗,当然我更不知道。"

孙多慈受到如此激励,对于画家的前途有了信心。于是一直绘画不辍。一年后,还在安庆举办了"孙多慈画展"。

1935 年暑假,徐悲鸿难忍相思之情,跟老婆说要出差,其实是偷偷溜到安庆去找孙多慈。然而,此时孙家父母的口号是防火防盗防悲鸿,孙传瑗啪地一摔筷子:不准他进门!

最后还是孙母心软,放孙多慈去见了徐悲鸿一面,就当话别。

于是,两个相思的人儿就在菱湖公园见了面,但狡猾的孙母还派了陆汉民去监视他们。徐悲鸿见招拆招,许诺给陆汉民画画,快速把小姑娘打发到一边儿玩去了。陆汉民躲到一边偷看,只见徐悲鸿和孙多慈一边说着绵绵情话,一边拥抱着痛哭。临别时,孙多慈还趴在徐悲鸿肩头,舍不得放开。

徐悲鸿也哀伤无比,说:"这可能是最后一次见面了!"最后,他还对陆汉民说:"小妹,你要记住,你的表姐永远是最美丽的!"

在这以后,他们身处两地,依然频繁通信。

徐悲鸿画了一幅《燕燕于飞图》给孙多慈寄去。画上,一名古装仕女忧郁地抬头,呆呆望着天上飞翔的燕子。上题:"乙亥冬,写燕燕于飞,以遣胸怀。"燕燕于飞,是燕失其侣、孤单思念的意思。

孙多慈含蓄地不着一言,回寄一颗红豆。此物最相思,又勾起前事。

所有的结局已写好，

泪水已启程

徐悲鸿收到一看，心里激情荡漾，立刻赋诗三首回赠：

灿烂朝霞血染红，关山间隔此心同；

千言万语从何说，付与灵犀一点通。

耿耿星河月在天，光芒北斗自高悬；

几回凝望相思地，风送凄凉到客边。

急雨狂风避不禁，放舟弃棹匿亭阴；

剥莲认识中心苦，独自沉沉味苦心。

虽然诗情画意，但中心意思就一个：我想念你，你不在身边我郁闷啊。

大学毕业时，孙多慈已经 22 岁。 当时，这样的年龄已经有一定的压力，但孙多慈却对各路追求者冷脸拒绝到底。 就是说，她此刻最希望也最需要的，是徐悲鸿给她一个明确的未来。

可是，徐悲鸿却迟迟下不了决心。

他的情意虽然那么美妙，但背后都没有一个明确的承诺。

蒋碧薇闹得那么凶，却没见徐悲鸿正式提出离婚。 可见徐悲鸿的犹豫和矛盾，他一面对孙多慈说情啊爱啊，一面又对老婆的淫威不敢反抗。

孙多慈嘴里不逼他，心里却开始着急。

这么拖着，算个什么事儿？ 她该怎么办呢？

1936 年，孙多慈也熬不过相思苦，跑到南京去见徐悲鸿。 这次来，她也不是白来，而是用自己独有的含蓄方式，给徐悲鸿施了一回压。

她说，我们干脆来定个"十年之约"吧：十年之内，我不要你的照拂，看自己闯不闯得出名堂来。 我们各自奋斗，互不通信——"十年，你也有个了断，我也有个结果。"

这话是欲擒故纵，也是产生倦意。

从这个说法来看，孙多慈已经有些厌倦被无休无止地中伤，尤其是厌倦了没有明确承诺的漫长等待。 她迫切需要徐悲鸿给她一个说法，但这一次，徐悲鸿依然在暧昧的边缘逃避她的追逼。

他去了桂林。 离蒋碧薇很远，但离孙多慈也很远。

应该是从这个时候起，孙多慈开始有些失望了。

六

这时，中大艺术系一个叫李家应的女同学，给孙多慈介绍了一个男朋友，这个人叫许绍棣。 说起来，真正的媒人应该是郁达夫的夫人王映霞。 这个线是怎么牵起来的呢？ 说来也有一段缘故。

1937 年，卢沟桥事变。

战乱年代突然来临，很多人家都在慌慌张张地逃难。 孙传瑗此时在浙江省教育厅当书记员，很快也随着浙江省政府从杭州迁到了丽水。

　　随之逃难到丽水的，还有带着几个孩子的王映霞和李家应一家。李家应的父亲在浙江省政府里当秘书。因为一路同行，李家应和王映霞熟悉起来，聊到了孙多慈和徐悲鸿的八卦。李家应断定孙徐不会有结果，并托交际广泛的王映霞帮孙多慈物色个男朋友，好拯救她脱离苦恋。

　　这王映霞也是个大美女，她的故事足以另开一篇了。

　　王映霞一琢磨，干脆把自己的绯闻男友许绍棣介绍给孙多慈了。

　　许绍棣要比孙多慈大十多岁，此时已经三十六七岁了。还是个鳏夫，刚刚才死了老婆，自己带着三个女儿。他从小父母双亡，也是个苦孩子，后来读复旦时，被一个富绅看重招上门做了女婿。当时，他任职浙江省教育厅长，就是说，恰好是孙多慈父亲的顶头上司。

　　许绍棣其貌不扬，身材瘦小。一开始，他很仰慕王映霞的美貌，靠着成熟男人的小体贴、小殷勤，也颇得王映霞的心。于是，坊间盛传许绍棣狂追王映霞。这些传闻使得王映霞和郁达夫的关系，一度非常紧张。

　　王映霞把孙多慈介绍给许绍棣，是出于真心还是假意，不得而知。不过，许绍棣却是真的是转而开始追求孙多慈了。想必，他和下属的这个美貌女儿，不经意间还是见过几面的，相当中意。

　　当时，孙多慈并不在丽水，已经到长沙去了。

　　她对徐悲鸿感到很失望，所以李家应给她介绍许绍棣时，便说好啊。于是，孙多慈和许绍棣开始通信了。

这一时期,孙传瑗忽然感到上司对他的态度有了变化。

特别的客气,特别的和蔼。

还特意安排他们老俩口住到有防空洞的丽水中学校舍,逃命方便一点。

孙传瑗想到长沙去和女儿会合,提出辞职。 许绍棣好说话极了,不但按规定支付了三个月薪水,还额外发了一笔优厚的补助金。大方得令大家都惊奇。

由于担心战乱不安全,许绍棣还安排两名干部一路护送孙传瑗夫妇,从赣州、南昌直到送到株洲。 孙传瑗感动得不得了。

1938 年 3 月,孙传瑗到了长沙,发现孙多慈与许绍棣在通信,这才明白自己被另眼看待的原因。 他当然觉得许绍棣配不上爱女,但战乱年代,比这些小事更需要操心的事还有很多。

当时,他们住在一家便宜的小旅馆里。 物价因为战乱而飙涨,眼看积蓄一天天减少,一家人都忧心忡忡。

在这个风雨飘摇的时刻,孙多慈不可抑制地思念起徐悲鸿来。这许多年他一直都在保护她,而现在他在哪里呢? 他是爱着她的,可他到底怎么想的呢?

她忍不住违背约定,提笔给他写信。 她说,非常非常想念他。可却不知道下一步何去何从。 她举棋不定,满腹苦恼。

徐悲鸿收到信,顿时百感交集。 他的心立刻燃烧起来,恨不能立即飞去长沙。 他回信保证,要设法去长沙和她见面。

很快,他就找到一个去武汉做抗日宣传的机会。 他捐献了十多幅画用于义卖，接着就飞快地赶到了长沙。

好久不见，深情依旧。

他们彼此发现，依然深爱着对方。

他们快乐地在长沙街头闲逛，到处吃美味的特色小吃。

他们坐着黄包车，冒雨游玩岳麓书院。 他们坐在诗情画意的地方，聊着彼此的近况。 徐悲鸿依然和蒋碧薇冷战，因为徐悲鸿无法忘情孙多慈，而蒋碧薇又逐渐和张道藩走得很近。 关系只能越来越僵。

孙多慈争取徐悲鸿的方式，总是很委婉。

她从来也没提过，让徐悲鸿离开蒋碧薇，来到她身边。 尽管她非常渴望和他厮守在一起，尽管只有这样她才能感到幸福。

她只是装作不在意地提起了许绍棣。 她说他们正在通信，还接受了他捎来的一笔钱。 而她也帮许绍棣寄过一些抗战刊物。 她忧伤地低下头说，她其实并不喜欢许绍棣，只是，不知道以后该怎么办……

徐悲鸿忍不住醋意大发，开口攻击许绍棣，说他是通缉过鲁迅的党棍文人。

而孙多慈一改柔顺的态度，故意替许绍棣讲好话。

徐悲鸿陷入沉默。 他感到了压力。

随后，徐悲鸿护送孙多慈一家去桂林。

值此乱世，有人照拂，好比雪中送炭。 孙传瑗没有拒绝徐悲鸿的好意，虽然他依然不同意徐悲鸿和女儿的事。

到了桂林，徐悲鸿妥帖地把他们安顿下来。 一个广西政府的官员，又殷勤地为徐悲鸿一行接风。 孙多慈一家在逃难之际，也觉得颇有面子。

随后，徐悲鸿又在广西政府里，为孙多慈谋得一个差事。

到目前为止，一切都很顺利。

徐悲鸿又能天天和孙多慈相处了。他们仿佛回到了在中大的美好时光。徐悲鸿天天带着孙多慈去漓江游玩写生。桂林山水甲天下，水光山色，奇妙绝伦。两个有情人荡漾其间，在小船上相依相偎、情话绵绵。

徐悲鸿想起了台城和玄武湖，那一年的悸动还鲜明如初，心里又泛起万千柔情。而孙多慈的心也软了，她伏在徐悲鸿怀里，柔声说出了自己的底线：我愿意再等你一年。她还是如此含蓄，但她的言下之意很清楚：这一年里你要抓紧办离婚，等你和蒋碧薇离婚后，我们就结婚！许绍棣嘛，只是一个通信的笔友，我随时可以回绝他。

迄今为止，孙多慈都是一个最优秀的小三。这是因为她隐忍的个性和心中的深爱，综合起来有意无意达到的效果。如果小三强横逼婚，男人心中多半会暗藏对原配的歉疚；而如果小三忍气吞声痴情等待，原配却跳脚大骂上房揭瓦，男人抛弃原配就不会有丝毫心理负担了。

关于离婚，是小三自己提，还是男人主动提，有天壤之别。

徐悲鸿就是如此。蒋碧薇的强横伤了他的心和面子，蒋碧薇和张道藩的暧昧没有留给他一条退路。而孙多慈却一直都那么温柔多情。就算他以前还犹豫不决，现在也知道该怎么做了。

如今，徐悲鸿需要的，只是一个恢复单身的证明。

所有的结局已写好，

泪水已启程

于是他跑去咨询了律师，接着就发了著名的登报启事。1938 年7 月，他在《广西日报》公开声明："徐悲鸿启事：鄙人与蒋碧薇女士久已脱离同居关系，彼在社会上的一切事业概由其个人负责。特此声明。"

徐悲鸿喜滋滋地以为，幸福就在眼前，一伸手就可以够着。

于是，他拜托在法国留学时认识的沈宜甲，去探探"未来岳父"的口风。沈宜甲去孙家一看，孙传瑗心情不错的样子，就拿出《广西日报》给他看徐悲鸿的启事，并暗示说：老徐现在已经是单身了，你看他和令千金的事……

不料，孙传瑗立刻翻脸：徐先生是我女儿的老师。一日为师终生为父他晓得哇？怎么能生出这样的非分之想呢？只要我活着，就绝对不可能同意！

沈宜甲被轰出来，灰溜溜地向徐悲鸿通报了结果。

徐悲鸿从云端跌入深谷，一时也束手无策。他从前一直百般讨好孙家父母，现在也忍不住抱怨："慈父亲之面貌，似吾之前生身之冤仇，见即话不投机，彼母亦落落无丝毫缘感，倘慈不毅然取得办法（此则不可责备，只有任彼如何），弟亦终不能与之有进一步之关系。"

然而，孙多慈不是蒋碧薇，不会没心没肺地跟他私奔。他从前最爱孙多慈乖乖女的模样，却忘了乖乖女是最听爹妈话的。

孙多慈本身就是犹豫不决的柔弱性子，在父亲的强硬态度下，完全不敢吭声。孙传瑗为了棒打鸳鸯打到底，很快就收拾包袱，带着妻女回浙江丽水了。

徐悲鸿大出意外,但孙多慈始终低眉顺眼,他也只好眼睁睁地看着他们走了。

孙多慈回到丽水之后,大病了一场。

是极端痛苦的心病,引发了身体上的病。 和徐悲鸿的分离,令她痛苦万分。 今天我们也无由揣测她当时内心的想法,到底是因为内心的软弱、不敢反抗父亲呢,还是对徐悲鸿的选择原本就不坚定、内心对小三夺夫很有压力?

她心绪复杂,仍然跟徐悲鸿通信,还写过一首诗送给他:

一片残阳柳万丝,秋风江上挂帆时。

伤心家园无限恨,红树青山总不知!

含蓄,还是很含蓄! 她告诉徐悲鸿,她不快乐。 看着夕阳,看着江水,她心里怀着"无限恨"。 但是,她再也不提以后的事了。

因为她心里已经明了:提了也没用。

经过了这许多年,经过了这许多波折,她的爱情也无言退却了。

她的心不是被蒋碧薇的吵闹伤到的,而是被漫天的流言蜚语、爱情火热时徐悲鸿的逃避和反复、任她长时间陷入不知何去何从的迷惘伤到的。 她很柔弱,所以希望徐悲鸿很强大。 她希望徐悲鸿能安排好一切,屏蔽一切伤害,让她无忧无虑地跟随他。 可是,徐悲鸿却没能妥帖地打点好一切,甚至连她的父亲也说服不了。 她已经25岁,在当时已经算是剩女了。 徐悲鸿却只是凭着一阵一阵的热情行事，遇到挫折就打退堂鼓。 比如此时，徐悲鸿怎么就放弃了呢？他怎么不能追到丽水去多表示一下诚意呢？

孙多慈毕竟不是蒋碧薇，她勇气不足、立场不坚定、放不下父母。

她是一个弱女子，需要一个牢靠的搭档。

她需要徐悲鸿做得更多，但他却不明白。

这次求婚失败和孙家远走，给两个人的爱情造成了不可弥补的裂痕。

孙多慈回到丽水，许绍棣便开始热烈追求她。 心灰意懒的孙多慈恢复了和他的交往。 许绍棣从人才到成就，都和徐悲鸿完全不能比。 但他有着徐悲鸿没有的优点：成熟、细心、体贴。 艺术气质的徐悲鸿要靠女人来照顾他，但世俗气息的许绍棣却会无微不至地注意到孙多慈的需要。

当华丽爱情显得空洞之后，世俗温暖便得以长驱而入。

何况许绍棣还是有一点能量的，可以很好地照顾风雨飘摇的一家人。

孙多慈在多重考虑下，默认了和许绍棣的交往。 同时对徐悲鸿的爱仍然萦绕心头，不时刺痛她的灵魂，让心情反反复复。

在徐悲鸿看来，这一时期的孙多慈变得忽冷忽热、不可捉摸。

1939 年徐悲鸿在信中向朋友诉苦："慈自 4 月 14 日来一极缠绵一书（她说不论我在天涯海角，她必来觅我）后，两个半月毫无消息，此时温州沦陷真使人心忧，她那二老糊涂混蛋该死，大概不会得好结果。 弟倘留其作品不少,便用慰藉此后半生矣!"

可以看出,孙多慈忽而给徐悲鸿写一封肉麻兮兮的情书,忽然又两三个月没有消息。 极冷极热,必有异动。

徐悲鸿都奔四的人了,当然懂得起。 他心急火燎地想要挽回,但已力不从心,只能仰天悲叹:"世变如此,一切听其自然,若慈真排万难来到弟处,当然弟无条件,从其所愿以共生死。 弟未存一字叫她来、惨极了!"

晕! 都火烧眉毛了,还不主动点。 "未存一字叫她来",难道你还指望脸皮薄到家的孙多慈,白眉白眼地自动私奔吗? ——有点明白这两个人的悲剧是怎么造成的了:他们两个都太含蓄、太被动了。

于是在这种情况下,孙多慈一步步滑向许绍棣的温柔陷阱,而徐悲鸿则开始回头张望被他抛弃的蒋碧薇——好歹不能两个都落空不是?

孙多慈曾给徐悲鸿写了一封信:"我后悔当日因父母的反对,没有勇气和你结婚。 但我相信今生今世总会再看到我的悲鸿。"徐悲鸿像批改作业一样,在信末批了三句:"我不相信她是假的,但也不信是真心,总之我已作书绝之。"然后把这封信寄给朋友吕斯伯,让他拿给蒋碧薇看,意思是:你看,我已经不受孙多慈的迷惑了。

以前,蒋碧薇曾对徐悲鸿说过:"假如有一天你跟别人断绝了,不论你什么时候回来,我随时都准备欢迎你。 但是有一点我必须事先说明，万一别人死了，或是嫁了人，等你落空之后再想回家，那我可绝对不能接受。"

但此时，骄傲的蒋碧薇受了公开被弃之辱，又和张道藩陷入热恋，对徐悲鸿嗤之以鼻——"像徐先生这种行为，是最不可原谅而且最不道德的。"

于是，徐悲鸿真的两头落空了。

七

1939 年 9 月，孙多慈和许绍棣结婚。

很多传记说，这桩婚姻是孙传瑗安排的，孙多慈是从父命。然而孙多慈的表妹陆汉民却回忆，孙传瑗对孙多慈嫁给许绍棣，是非常非常不满意的！以至于女儿婚后一年，就郁郁寡欢地去世了。

其实也可以理解，许绍棣年纪大，拖着三个孩子，个子又只到孙多慈的肩膀。无论谁家女儿嫁给这样一个男人，多少有点想不通。

可这就奇怪了。

孙传瑗反对孙多慈嫁给徐悲鸿，她便真的不嫁。

孙传瑗反对她嫁给许绍棣，她却还是执意嫁了。

这说明，对孙多慈而言，父命也不是一定要遵守。或许，这只是一个借口。或者是徐悲鸿的冲动性格，有让她无从选择的地方。或者是她对于真的嫁给身为老师、抛弃妻子的徐悲鸿，依然顾虑重重。

她是一个传统善良的女孩子,所以当小三当得很悲剧。

嫁给许绍棣,是她心灰意懒的选择。

蹉跎了几年青春,家境又已败落,这是客观的压力。 但以她的才貌,不见得就找不到理想般配的爱人,可她再无心寻觅。 匆匆嫁掉,这是主观的放弃。

一句话,孙多慈误了徐悲鸿,徐悲鸿也误了孙多慈。

孙多慈婚后,并不是很幸福。

不是因为许绍棣对她不好,而是她不能忘记旧情。

孙多慈婚后生了两个儿子,许尔羊和许珏方。 孩子很可爱,长大后也颇有出息,到美国攻读数理学科。 许绍棣很喜欢,高兴地写了首诗,遍传亲朋:"儿其泰来时,此乐应不朽。"

可是,这一切没能化解她心中的忧伤。

1947 年春,孙多慈又和小表妹陆汉民在安庆重逢。 陆汉民回忆说:"那时候的表姐,依然端庄美丽,但总带着一份忧郁。 上船之前,我问她:'表姐,你对婚姻满意吗?'她说:'满什么意啊,能有什么办法呢?'我又追问:'那你还想着徐先生?'她叹一口气:'唉,这是一辈子的事情啊!'"

婚后一两年,她和徐悲鸿还偶尔通信。

此时徐悲鸿已远走新加坡,虽然对孙多慈已死心,却仍不免牵挂。 1940 年 9 月,他给舒新城写信说:"慈之问题,只好从此了结(彼实在困难,我了解之至)。 早识浮生若梦而自难醒,彼则失眠,故能常醒。"

徐悲鸿沉浸在昔日恋情中，不能自拔。他担心着孙多慈的安危，也毫不怪她抛下自己而另嫁，他完全理解她的苦衷。

他说，幸好手边有很多孙多慈的画，可以用来慰藉后半生的孤苦。

1946年，徐悲鸿和蒋碧薇离婚后，新娶廖静文。

孙多慈寄去一幅红梅图道贺。画上题道："倚翠竹，总是无言；傲流水，空山自甘寂寞。"以寂寞红梅自比，她内心还是有些怅惘的吧。

而徐悲鸿则提起画笔，在梅枝上补了一只未开口的喜鹊。

欲说还休，各自珍重。

八

1949年，孙多慈随许绍棣去了台湾，在台湾艺术学院任教。

她很勤奋地作画，业内都说她继承了徐悲鸿的衣钵真传。她的弟子中也有不少成为著名画家，回忆起她来，都赞她是个好老师。

文楼说："（孙多慈）非常地温和，非常地文雅。她对学生很亲切，从来不急不躁。穿一身旗袍，人到中年，还是蛮漂亮的。"

著名画家彭万墀则说："她很关心学生，喜欢勤于画画的学生。"

孙多慈在事业上卓有成就，想必也离不开丈夫的支持。

孙多慈一直不喜欢许绍棣，可许绍棣应该是很喜欢她的。他给了她一个安定而宽松的家庭，允许她全心全意地投入绘画事业，不抱怨被冷落,默默送上关怀和支持。 即便知道孙多慈怀念徐悲鸿,他也宽容地不置一词。

在很长一段岁月里,孙多慈还是享受到了宁静的幸福。

直到 1953 年 9 月,孙多慈到纽约参加一个艺术研讨会时,遇到了一个故人——一直视她为仇敌的蒋碧薇。

这时的蒋碧薇已经寻到第二春,生活甜蜜幸福,过往的恩怨早已烟消云散。 蒋碧薇主动告诉了她一个晴天霹雳的消息:徐悲鸿病逝了!

这个消息给了孙多慈很大的打击。

据说她当时就昏厥了。

廖静文说:"接触过孙多慈的人,都说她人品好,她一直希望有生之年能和悲鸿再见一次面。 人家告诉我,她听说悲鸿死了,关了门哭了三天,后来为她的老师悲鸿戴了三年孝。 这是一个悲惨的故事,就是有情人未成眷属。"

看来,孙多慈为徐悲鸿守孝三年,是确有其事。

她对徐悲鸿的深情固然可见一斑,但许绍棣对她的宽容也很难得,爱她爱到了容许她心灵叛离的地步,只要她还愿意待在他身边就好。

从此以后,孙多慈就常年陷入悲伤忧郁的境地。

她很后悔当初选择了许绍棣,而没有勇敢地去到他的身边。 他的爱情和希望被剥夺,才会过早快快离世。

这样一想,她也就无法容许自己快乐了。

她常常借学术交流的机会去美国。

有一次她去纽约时，在著名画家王少陵家里，看到了徐悲鸿的一副字：

急雨狂风势不禁，放舟弃棹迁亭阴；

剥莲认识中心苦，独自沉沉味苦心。

这副字是王少陵非要徐悲鸿送他的，当时他赶飞机，就抢了这副墨迹未干的字走。 但是孙多慈一看就流泪了，因为这首诗，是徐悲鸿以前写给她的！徐悲鸿一直在怀念她，所以才不自觉地书写这首忧伤的诗。

50年代中期以后，孙多慈去美国的时间更多了，住在长子尔羊家里，或是大学期间的闺蜜吴健雄家里。 此时，吴健雄已经成为著名的女物理学家。 她们在一起谈论最多的，应该还是徐悲鸿吧。

孙多慈的后半生，基本是在悔恨和追忆中度过。

她如同当年的徐悲鸿一样，游历欧洲各地观摩交流，追寻着当年徐悲鸿的脚步，站在他曾经凝望过的名画之前。 她还前去新加坡，揣想当年徐悲鸿在江夏堂办展义赈时的情景。

孙多慈的感情，细腻、隐晦而长久。

很像一部唯美的艺术电影。

但她的身体却慢慢在忧思中损坏了。

1975年1月，孙多慈因乳腺癌病逝于洛杉矶吴健雄家中。 终年64岁。

画家杨先让说："孙多慈得了癌症,闷闷地死去,大概和她感情没得到圆满很有关系,她老想徐悲鸿啊,老是愧疚啊。"

孙多慈死前十多年,和许绍棣关系已经很疏离。

可是,许绍棣仍然在默默等着她。

他的爱不精彩,沉默无声。

当人们都说,他的妻子是因为思念另一个男人而积郁死去时,他不吭声。

他只是一直珍藏着亡妻的作品,并把《玄武湖春晓》等精彩的作品挂满四壁。 在这样孤寂的屋子里,他晚年信奉了天主教,专心于吟咏诗文。

80 岁时,他填了一首词："一室羁栖,孤零滋味,伤心触景情先醉,人生安乐总无方,凭栏不觉洒清泪。"

还没填完下阕,他便逝去了。

1980 年,许绍棣病逝,与孙多慈的骨灰合葬在阳明山。

图书在版编目（CIP）数据

不是人间富贵花：民国名媛情事 / 芦荻雪著.
—杭州：浙江大学出版社，2011.1（2017.11重印）
ISBN 978-7-308-08319-5

Ⅰ．①不… Ⅱ．①芦… Ⅲ．①女性－名人－人物研究
－中国－民国 Ⅳ．①K828.5

中国版本图书馆 CIP 数据核字（2010）第 263162 号

不是人间富贵花——民国名媛情事

芦荻雪 著

责任编辑	葛玉丹	
封面设计	项梦怡	
出版发行	浙江大学出版社	
	（杭州市天目山路 148 号　邮政编码 310007）	
	（网址:http://www.zjupress.com）	
排　　版	杭州中大图文设计有限公司	
印　　刷	杭州杭新印务有限公司	
开　　本	880mm×1230mm　1/32	
印　　张	9.375	
字　　数	180 千字	
版　　次	2011 年 1 月第 1 版　2017 年 11 月第 4 次印刷	
书　　号	ISBN 978-7-308-08319-5	
定　　价	28.00 元